KB188848

기독교 신앙의
기초 세우기와 다지기

기독교 신앙의
기초 세우기와 다지기

지 은 이 · 마문철
펴 낸 이 · 성상건
편집디자인 · 자연DPS

펴 낸 날 · 2024년 2월 28일
펴 낸 곳 · 도서출판 나눔사
주   소 · (우) 10270 경기도 고양시 덕양구 푸른마을로 15
           301동 1505호
전   화 · 02)359-3429   팩스 02)355-3429
등록번호 · 2-489호(1988년 2월 16일)
이 메 일 · nanumsa@hanmail.net

ⓒ 마문철, 2024

ISBN 978-89-7027-890-2 03230

값 15,000원
잘못된 책은 바꾸어 드립니다.

기독교 신앙의
기초 세우기와 다지기

초신자는 기초를 세우고, 묵은 신자는 기초를 다져주는 도우미

마문철 박사 지음

나눔사

　저자가 섬기는 교회 성도들에게 신앙의 기본을 가르치기 위해서
「기독교 신앙의 기초」란 제목으로 책을 냈습니다. 출판을 해주신
나눔사에서 교회에서 사용하고 남은 일부를 판매를 했습니다. 그런
데 감사하게도 찾는 독자들이 많아서 서점에 나간 책들이 모두 팔려
나갔습니다. 책 재고가 없어지자 나눔사 성상건 사장님께서 한국교
회 성도들의 신앙의 증진을 위해서 증보판을 써보라고 용기를 주시
고 출판까지 맡아주셨습니다. 원판에 내용은 내용 일부를 수정하고
장을 다섯 장 늘려서 수정 증보판을 내게 되었습니다.

　개정증보판에서는 인간의 이성을 통하여 기독교 신앙을 이해할
수 있게 객관적이며 합리적으로 기독교 신앙을 이해하도록 하는데
심혈을 기울였습니다. 신앙은 주관적이며 경험적인 경향이 강합니
다. 주관적인 신의 경험 없이는 신앙생활을 하기가 어렵습니다. 그러
나 인간은 객관적이며 합리적으로 사고할 수 있는 특별한 능력을 가
지고 있습니다. 하나님께서 인간에게 이성을 주셔서 객관적이며 합
리적인 사고를 할 수 있는 능력을 주셨습니다. 그러므로 복음도 이성
을 통하여 이해할 수 있게 설명할 수 있고 이해할 수 있어야 합니다.
특별히 앞으로 교회의 장래를 책임져야 할 MZ세대는 무조건 믿으

라고 해서는 통하지 않습니다. MZ 세대들과 신앙적인 대화를 위해서 그들을 지도해야 하는 어른들이 반드시 객관적이며 합리적인 기독교의 이해가 필요합니다. 그러므로 이 책은 초신자를 위한 책이지만 신앙생활 오래한 신자들을 위한 책이기도합니다. 신앙생활은 오래 했지만 기독교 진리의 기초가 약한 성도들이 읽으시면 본인의 신앙이 건강하고 강해지고, 기독교 신앙을 다음 세대에 전하는 데 도움이 될 것입니다. 아무쪼록 이 작은 책을 통하여 이 땅에 작은 구석에라도 하나님의 나라가 이루어지는 데 작은 불꽃이 되기를 기도합니다. 아울러 책을 읽지 않는 시대에 책의 판매가 불투명한 상황에서 부족한 필자의 책을 출판해 주신 성상건 사장님께 감사드립니다. 또한 이런 책을 쓸 수 있도록 편안하게 목회할 수 있도록 부족한 종의 연약함과 부족함을 이해하고 격려해 주신 친구교회 성도들에게 깊은 감사를 드립니다. 가난한 개척교회 사모의 삶을 묵묵히 잘 견뎌준 아내 신정숙님에게도 감사를 전합니다.

2024. 1. 24.
저자 마문철 목사

차 례

1

많은 종교
중에서
왜 기독교인가?

제1장. 많은 종교 중에서 왜 기독교인가?

인간과 종교

인간의 잠재력은 무한한 것처럼 보입니다. 우리가 지금 당연하듯이 사용하고 있는 스마트폰을 100년 전에 죽은 사람들이 본다면 기계 안에 귀신이 들어가 있다고 말할 것입니다. 손 안에 들어가는 작은 상자를 가지고 일상의 대부분의 문제를 해결할 수 있습니다. 작은 화면 안에 은행, 병원, 학교가 들어 있는 것과 같습니다. 과학기술이 발달하기 전에는 하늘에 떠있는 달과 별들은 사람들에게 동화의 주제였습니다. 그러나 지금은 동화책 속에 신비는 사라지고 지상에 어디든지 널려 있어서 늘 볼 수 있는 돌멩이같이 화성의 사진을 쉽게 접할 수 있습니다.

인간은 상상하는 것들을 과학과 기술을 이용해서 현실이 되게 만들었습니다. 하지만 태초에 인간이 지구에 출현한 이후로 인간에게 가장 중요하고 본질적인 문제해결에 대한 해답에는 한 발짝도 다가가지 못했습니다. 인간은 태어나면서부터 매일 죽음을 향하여 한 걸음씩 나아갑니다. 인간은 세상에 태어난 이후에 가장 중요한 문제는 자신의 생에 끝을 알지 못한다는 것입니다.

인간은 각종 첨단기술을 이용해서 이전에는 상상도 못 할 먼 거리를 볼 수 있습니다. 너무 작아서 보이지 않는 것들도 선명하게 잘 볼 수 있습니다. 신체의 내부를 속속들이 들여다 볼 수 있습니다. 멀리보고, 작은 것을 볼 수 있는 여러 도구를 이용해서 어느 정도 미래를 예측할 수 있는 능력을 지녔습니다. 그러나 인간은 미래를 알지 못합니다.

1986년 1월 28일에 미국의 챌린저 우주왕복선이 발사 73초 후 고체 연료 추진기의 이상으로 폭발해 7명의 대원이 희생되는 사고가 일어났습니다. 우주선은 현대과학의 총아입니다. 우주선을 출발시키기 전에 모든 것을 꼼꼼하게 점검하여서 완전하다고 결론을 내리고 쏘아 올렸는데 73초 만에 폭발했습니다. 현대 첨단과학이 73초 후에 일어날 일을 알지 못했습니다.

인간은 미래를 알지 못하고 자신이 언제 죽을지 아무도 모릅니다. 인간은 내일을 모르고 언젠가는 죽을 존재이며 언제 죽을지 그 때도 알지 못합니다. 그 밖에 개인의 성격과 성장과정 환경에 따라 여러 가지 이유로 인간은 늘 불안합니다. 위대한 것 같지만 치명적인 약점을 가진 인간은 이 불안과 죽음의 문제를 해결하기 위해서 신을 찾았습니다.

인간은 집과 돈과 권력의 잠시나마 주인이 될 수 있습니다. 그러나 결코 자신의 생명의 주인이 될 수 없습니다. 주인이면 자신의 소유를 자기 마음대로 할 수 있어야 합니다. 하지만 인간은 자신의 삶과 생명과 죽고 사는 것을 자신이 원하는 대로 할 수 없습니다. 그러므로 인간은 자기 자신의 주인이 아닙니다. 인간은 나의 진짜 주인 나의 운명을 쥐고 흔드는 진짜 주인을 찾고자 했습니다. 오래 전에 인간은 그 주인을 신으로 여기고 신을 찾았고 종교를 만들었습니다.

지금은 지구에 기독교, 불교, 이슬람교, 회교도, 힌두교, 유대교 주로 다섯 개의 종교를 믿는 사람들이 주류를 이루고 있습니다. 그리고 소수의 사람들이 믿는 수많은 종교가 있습니다. 사람들은 인간의 지적 수준이 높아지고 과학기술이 발달하면 종교가 자연 소멸할 것이라고 예측한 학자들도 있었습니다. 공산주의 이론을 완성한 칼 막스는 종교는 자연 소멸할 것이라고 생각했습니다. 하지만 공산주의는 사라져 가지만 사람들의 종교는 건재합니다. 종교에 대한 열정이나 충성도가 낮아질 수는 있지만 종교가 지상에서 사라질 일은 없습니다. 인간은 내일을 모르고 죽음을 향하여 매일 한 걸음씩 나아가는 불안전한 존재이기 때문입니다. 죽음과 내일을 모르는 불안은 세상에 있는 것으로 해결할 길이 없습니다. 그러므로 사람들은 보이지 않는 신을 믿을 수밖에 없습니다.

종교와 기독교

우리가 예수님을 믿고 교회에 다닌다는 것은 크게 두 가지를 선택한 것입니다. 첫째 종교를 갖기로 선택한 것입니다. 대한민국 2023년 인구조사에 의하면 무종교라고 응답한 사람들이 62.9 퍼센트 였습니다. 종교를 갖고 종교활동을 하기로 선택한 사람들의 숫자가 많지 않습니다. 기독교를 신앙으로 갖기로 선택했다는 것은 종교를 갖기로 선택한 것입니다. 물론 과거에는 국교가 있어서 태어나면 자동으로 자신이 태어난 나라가 채택한 국교가 그의 종교가 되었습니다. 중세 유럽의 국가들이 그랬고, 이슬람 국가들은 지금도 그렇습니다. 공산주의 국가는 신을 인정하지 않기 때문에 종교활동을 허락하지 않습니다.

그러나 대부분의 국가에서 종교와 정치가 분리되어 있습니다. 민주주의 국가에서는 모든 국민들에게 종교의 자유가 있습니다. 그러므로 민주국가로서 종교의 자유가 완전하게 보장되는 대한민국 국민들은 우선 종교를 가질 것인가, 말 것인가를 선택해야 합니다. 종교를 갖지 않기로 선택했으면 종교에 대한 문제는 끝이 납니다.

그러나 종교를 갖기로 선택한 사람들은 한 가지 선택을 더 해야 합니다. 무슨 종교를 가져야 할지 선택해야 합니다. 세상에는 많은 종교가 있습니다. 우선 세계 5대 종교 기독교, 불교, 이슬람교, 유대교, 힌두교가 있습니다. 그 외에 여러 가지 소수 종파가 있습니다. 그리고 여러 종교를 함께 신봉하는 다신교 신봉자들도 있습니다. 여러 가지 다양한 신을 함께 섬기는 다종교를 선택한 사람들은 한 사람이 여러 가지 종교를 섬깁니다. 여러 종류의 종교를 신봉하는 사람들도 그중에 중요하게 생각하는 종교가 한 가지 있습니다. 하지만 대개는 한 가지 종교를 선택합니다. 기독교 신앙을 가졌다는 것은 첫째 종교를 갖기로 선택한 것이고 둘째 많은 종교 중에 기독교를 자신의 종교로 선택한 것입니다. 이 책을 읽은 독자들은 적어도 종교를 가지려는 의사가 있는 분들입니다. 기독교에 관한 서적을 읽는 것은 기독교에 관심이 있는 분들입니다.

기독교와 타 종교의 차이

종교에 대한 관심을 가지고 기독교에 대한 관심이 있기 때문에 이 책의 독자가 되었을 것입니다. 그러므로 먼저 기독교 신앙과 다른 타 종교의 차이점을 설명하겠습니다. 종교를 기독교로 선택하고 예수님을 믿기로 선택하기까지 여러 가지 과정을 거쳤을 것입니다. 신비한 체험을 통하여 하나님을 만나고 기독교 신앙을 가진 사람들도 있습니다. 혹은 전도자들의 전도를 받거나 지인들의 권면이나 소개로 기독교를 자신의 종교로 선택하신 분들이 있습니다. 또한 질병이나 기타 해결할 수 없는 인생의 문제를 해결하기 위해서 기독교를 선택한 분들도 있습니다.

하지만 아주 소수를 제외하고 기독교와 다른 종교를 비교 분석하고 그 차이점을 알아보고 기독교를 믿는 것이 가장 낫다고 생각해서 기독교를 자신의 종교로 선택한 신자들은 많지 않습니다.

그러므로 교회를 출석하면서 예수님을 믿는 사람들 가운데 기독교가 다른 종교와 무엇이 다른지 정확하게 알지 못하는 신자들이 많습니다. 새로 신앙생활을 시작한 초신자들은 더욱 모릅니다. 기독교에 대한 진리를 배우기 전에 개괄적으로 기독교가 다른 종교와 다른 점이 무엇인지 알아야 합니다.

이 책의 목적이 기독교신앙의 기초적인 지식을 설명하는 것이기 때문에 타종교에 대해서는 자세히 다루지 않겠습니다. 다만 기독교의 특징이 무엇인가를 소개함으로 기독교가 다른 종교와 어떻게 다르고 어떤 특징이 있는지 설명하겠습니다.

첫째, 기독교는 신이 사람을 찾아와서 만들어진 종교입니다

많은 종교학자들은 사람들이 필요해서 종교를 만들었다고 주장합니다. 앞에서 설명한 대로 인간은 끝에 죽음이 기다리고 있고, 미래를 모르기 때문에 오는 불확실성의 불안에서 벗어나기 위해서 상상력을 통하여 신을 만들었습니다. 또는 불안의 가장 큰 원인이기도 한 죽음의 두려움을 피하기 위해서 신을 만들어서 위안을 얻는다고 주장하는 사람들도 있습니다. 즉 인간은 내일을 모르는 불안과 죽음에 대한 두려움을 극복하기 위해서 인간은 종교를 만들었다고 말합니다. 신을 인간이 발견하고 인간의 무력함과 무지를 깨닫고 전지전능하고 영존하는 신을 믿는 것이 아니라 불안과 두려움을 극복하기 위해서 종교를 만들었다고 주장합니다.

세상에 기독교를 제외한 모든 종교는 사람이 만들었습니다. 불교는 석가모니가 깊은 명상과 기도 중에 깨달음을 얻어서 종교를 만들었습니다. 이슬람교는 무함마드가 기도하는 중에 신을 만나고 신의 계시를 받아서 종교를 만들었습니다. 그들은 정직하기 때문에 자신들을 신이라고 주장하지 않았습니다. 석가모니는 자신이 신이 아니라 깨달은 자라고 말했습니다. 모든 사람들이 자신이 가르쳐주는 방법으로 수행을 하면 자신이 석가가 된다고 가르쳤습니다. 무함마드도 신의 사자라고 말했고 신은 알라라고 말했습니다.

기독교는 인간이 신을 자력으로 찾았거나, 혹은 인간이 필요한 신을 만들어서 섬기는 종교가 아닙니다. 기독교는 신이 인간을 찾아와서 생긴 종교입니다. 구약성경 첫 번째 나온 책이 창세기입니다. 세상과 인간이 처음에 어떻게 생겨났는지를 설명하는 책입니다. 창세기 1~11장까지 내용입니다. 이 책을 읽은 분들 중에 아직 성경을 읽어보시지 못했으면 우선 창세가 1~11장을 잃어보실 것을 권합니다. 창세기 1~11장은 선사시대 이야기입니다. 역사기 기록되기 전의 이야기가 구전을 통하여 전해져 내려왔는데 모세가 그 이야기를 기록했습니다.

역사가 기록된 이후에 이야기는 창세기 12장부터입니다. 여기에 기독교의 시작을 알리는 한 인물이 나옵니다. 바로 아브라함입니다. 아브라함이 신을 만나기 위해서 노력한 것이 아닙니다. 계시를 받아서 종교를 만든 것도 아닙니다. 아브라함에게 신이 찾아옴으로 여호와 하나님을 믿는 아브라함의 신앙이 시작되었습니다. 천지를 창조하신 전능하신 신이신 하나님이 아브라함을 찾아오심으로 아브라함의 종교가 시작되었습니다. 다음의 말씀은 하나님이 아브라함을 찾아와서 아브라함에게 전해준 말씀입니다.

"주님께서 아브람에게 말씀하셨다. 너는, 네가 살고 있는 땅과, 네가 난 곳과, 너의 아버지의 집을 떠나서, 내가 보여 주는 땅으로 가거라. 내가 너로 큰 민족이 되게 하고, 너에게 복을 주어서, 네가 크게 이름을 떨치게 하겠다. 너는 복의 근원이 될 것이다."(창 12:1~2).

구약성경에 가장 위대한 인물 중에 한 사람인 모세 역시 자신이 하나님을 연구해서 발견하거나 하나님을 찾아 나선 것이 아닙니다. 어느 날 하나님이 모세에게 나타나셨습니다. 시내산이란 산에 살아 있는 떨기나무에 불이 붙고 있는 것을 보고 거기 갔다가 그 불 가운데서 자신을 계시하시는 하나님을 만났습니다. 그 하나님은 오래 전에 그의 조상 아브라함에게 나타나셨던 바로 그 하나님이셨습니다. 조금 길지만 중요한 내용이므로 하나님이 모세에게 나타난 장면을 기록한 출애굽기의 말씀을 소개합니다.

"모세는 미디안 제사장인 그의 장인 이드로의 양 떼를 치는 목자가 되었다. 그가 양 떼를 몰고 광야를 지나서 하나님의 산 호렙으로 갔을 때에, 거기에서 주님의 천사가 떨기 가운데서 이는 불꽃으로 그에게 나타났다. 그가 보니, 떨기에 불이 붙는데도, 그 떨기가 타서 없어지지 않았다. 모세는, 이 놀라운 광경을 좀 더 자세히 보고, 어째서 그 떨기가 불에 타지 않는지를 알아 보아야 하겠다고 생각하였다. 모세가 그것을 보려고 오는 것을 보시고, 하나님이 떨기 가운데서 '모세야, 모세야!' 하고 그를 부르셨다. 모세가 대답하였다. '예, 제가 여기에 있습니다.' 하나님이 말씀하셨다. '이리로 가까이 오지 말아라. 네가 서 있는 곳은 거룩한 땅이니, 너는 신을 벗어라.' 하나님이 또 말씀하셨다. '나는 너의 조상의 하나님, 곧 아브라함의 하나님, 이삭의 하나님, 야곱의 하나님이다.' 모세는 하나님을 뵙기가 두려워서, 얼굴을 가렸다."(출 3:1~5).

신약성경에서 예수님은 원래 영원전부터 계신 하나님이신데 인간들을 만나기 위해서 세상에 직접 오셨다고 말씀합니다.

"태초에 '말씀'이 계셨다. 그 '말씀'은 하나님과 함께 계셨다. 그 '말씀'은 하나님이셨다. 그는 태초에 하나님과 함께 계셨다. 모든 것이 그로 말미암아 창조되었으니, 그가 없이 창조된 것은 하나도 없다. 창조된 것은 그에게서 생명을 얻었으니, 그 생명은 사람의 빛이었다."(요 1:1~4).

하나님이신 예수님이 육신을 입고 인간을 찾아오심으로 기독교 신앙이 시작되었습니다. 예수님은 사람이 예수님을 찾아 나선 것이 아니고 예수님이 먼저 사람을 선택하시고 찾아 나섰다고 말씀합니다.

"너희가 나를 택한 것이 아니라, 내가 너희를 택하여 세운 것이다. 그것은 너희가 가서 열매를 맺어, 그 열매가 언제나 남아 있게 하려는 것이다. 그리하여 너희가 내 이름으로 아버지께 구하는 것은 무엇이든지 다 받게 하려는 것이다."(요 15:16).

예수님은 먼저 제자들을 찾아 나셨습니다. 그들을 불렀습니다. 세리 마태를 찾아서 그를 부르셔서 제자로 삼으셨습니다.

"예수께서 거기에서 떠나서 길을 가시다가, 마태라는 사람이 세관에 앉아 있는 것을 보시고 말씀하셨다. '나를 따라오너라.' 그는 일어나서, 예수를 따라갔다."(마 9:9).

갈릴리의 어부들을 찾아 나서서 그들을 부르시고 제자로 삼으셨습니다.

"이 사람은 먼저 자기 형 시몬을 만나서 말하였다. '우리가 메시아를 만났소.' ('메시아'는 '그리스도'라는 말이다.) 그런 다음에 시몬을 예수께로 데리고 왔다. 예수께서 그를 보시고 말씀하셨다. '너는 요한의 아들 시몬이로구나. 앞으로는 너를 게바라고 부르겠다.' ('게

바'는 '베드로' 곧 '바위'라는 말이다.) 다음 날 예수께서 갈릴리로 떠나려고 하셨다. 그 때에 빌립을 만나서 말씀하셨다. 나를 따라오너라."(요 1:41~43).

기독교는 인간이 공부하고, 수련하고, 깊은 성찰을 통하여 발견한 신을 믿지 않습니다. 하나님이 인간에게 찾아오셔서 자신을 인간에게 알리심으로 시작된 종교입니다. 기독교는 인간이 연구해서 만들어 낸 종교가 아니고 하나님이 인간에게 찾아오심으로 하나님을 만난 사람들을 통하여 생겨난 종교입니다. 오늘날도 살아 계신 하나님이 나를 찾아와서 만나 주실 때에 진정한 기독교인으로서 삶이 시작됩니다.

둘째, 기독교는 인간에게 생명을 주는 종교입니다

앞에서 설명한 대로 사람들은 내일을 모르고, 벗어날 수 없는 죽음에서 오는 불안과 두려움이 있습니다. 인간은 종교를 통하여 이 불안과 두려움을 극복하려고 종교를 만들었습니다. 불안과 두려움을 해결하는 데는 세상에서 안정된 삶이 한 몫합니다. 신앙생활을 하고 사회의 안정을 추구합니다. 자신의 무능함을 커버해 줄 수 있는 크고 강한 존재가 있다는 것 자체가 마음의 평안과 안정을 줄 수 있습니다. 그러나 대개는 신의 도움으로 세상의 것을 소유함으로 평안과 안정을 얻고자 합니다. 그러니까 신을 믿을 때 신으로부터 평안과 기쁨을 얻는 것이 아닙니다. 신으로부터 안정된 직장과 평안한 환경과 갈등이 없는 인간관계를 선물로 받아서 평안과 기쁨을 얻으려 합니다.

주로 지배자들은 종교를 통하여 사회를 안정시키고 자신의 지배를 안정시키기 위해서 종교를 이용했습니다. 개인들은 경제적인 안정과, 사회적인 지위가 높으면 안정감을 어느 정도 확보할 수 있습니다. 회사가 어려워져서 직원들이 강제로 퇴사를 해야하는 경우가 있습니다. 하지만 회사의 사장은 그럴 염려가 없습니다. 이와같이 자신이 갖는 종교에서 그 종교가 믿는 신을 통해서 세상의 물질과 지위와 안정된 삶을 얻어서 거기서 파생하는 평안과 안정을 얻고자 하는 것이 사람이 만든 종교의 특징입니다.

기독교도 타락하게 되면 하나님을 신뢰하는 믿음 안에서 평안과 안정을 얻는 것이 아니고 신의 도움으로 부와 지위와 권세를 얻어서 자신이 세상에서 얻은 것을 통하여 간접적인 방법으로 불안에서 벗어나려고 합니다.

그러나 성경에서 소개한 기독교는 불안과 두려움을 해소하는 것 이상의 종교입니다. 기독교는 생명을 주는 종교입니다. 예수님은 우리가 예수님을 믿고 예수님을 따라 살아야 할 이유를 예수님 안에 생명이 있기 때문이라고 말씀합니다.

"아들을 믿는 사람에게는 영생이 있다. 아들에게 순종하지 않는 사람은 생명을 얻지 못하고, 도리어 하나님의 진노를 산다."(요 3:36).

예수님은 우리에게 세상의 부와 권세와 안락한 삶을 주시려고 오신 것이 아니고 생명을 주려 오셨습니다.

"예수께서 이르시되 나는 생명의 떡이니 내게 오는 자는 결코 주리지 아니할 터이요 나를 믿는 자는 영원히 목마르지 아니하리라"(요 6:35).

기독교 신앙의 목적은 생명을 얻는 데 있습니다. 부활과 영생의 약속이 신앙의 핵심 내용입니다.

셋째, 기독교의 핵심은 부활입니다

다른 종교에서 그들이 신으로 믿거나 추종하는 종교 창시자들이 죽었다가 살아난 사람은 없습니다. 기독교는 예수님이 십자가에 죽으셨다가 부활하심으로 생긴 종교입니다. 부활이 없으면 기독교는 존재의 기반을 잃게 됩니다. 기독교는 예수님이 죽은 지 사흘 만에 부활하심으로 시작되었습니다. 그리스도인들은 '일요일'을 주일이라고 말하고 주일마다 교회에 나가서 예배를 드립니다. 주일은 예수님이 부활하신 요일입니다. 초기 기독교인들은 예수님이 부활을 축하하고 그 영광을 누리기 위해서 주일마다 예배를 드렸습니다. 성경은 기독교에서 부활의 중요성을 다음과 같이 선포합니다.

"죽은 사람의 부활이 없다면, 그리스도께서도 살아나지 못하셨을 것입니다. 그리스도께서 살아나지 않으셨다면, 우리의 선포도 헛되고, 여러분의 믿음도 헛될 것입니다. 우리는 또한 하나님을 거짓되이 증언하는 자로 판명될 것입니다. 그것은, 죽은 사람이 살아나는 일이 정말로 없다면, 하나님께서 그리스도를 살리지 아니하셨을 터인데도, 하나님께서 그리스도를 살리셨다고, 하나님에 대하여 우리가 증언했기 때문입니다. 죽은 사람들이 살아나는 일이 없다면, 그리스도께서 살아나신 일도 없었을 것입니다. 그리스도께서 살아나지 않으셨다면, 여러분의 믿음은 헛된 것이 되고, 여러분은 아직도 죄 가운데 있을 것입니다. 그리고 그리스도 안에서 잠든 사람들도 멸망했을 것입니다. 그리스도 안에서 우리가 바라는 것이 이 세상에만 해당되는 것이라면, 우리는 모든 사람 가운데서 가장 불쌍한 사람일 것입니다."(고전 15:13~19).

기독교는 하나님이 인간을 찾아오심으로 시작되었습니다. 당신이 지금 예수님을 믿기로 하고 기독교에 대해서 더 알고 싶어서 이 책을 읽고 있다면 하나님이 당신을 찾아오신 것입니다. 당신이 예수님을 믿는 목적은 인간의 근본적인 문제인 죽음의 문제를 해결하는 길이 있기 때문입니다. 즉 예수님 안에 생명이 있기 때문입니다. 예수님이 십자가에 죽으셨다가 사흘 만에 살아나심으로 부활의 소망이 생겼습니다. 부활하신 예수님은 지금도 살아계십니다. 지금 여기에 부활하신 예수님은 영으로 계십니다.

쉬어 가는 코너

셋째 날의 에피소드

마 문 철

하나님이 보이는 세상을 창조하시기 전에

보이지 않는 영의 세계를 창조하셨는데

영적인 존재 중에 지·정·의를 가진 천사가 있었다.

하나님이 엿새 동안 이루신 창조의 역사를 지켜본 천사들은

첫째 날 어둠으로 가득 찬 세상에 빛을 창조하셨을 때

찬란한 빛이 온 누리를 비추는 것을 보고 탄성을 질렀다.

'기가 막히네!'

둘째 날 습식 사우나처럼 습기로 가득 찬 우주에서

습기들을 모아서 하늘로 올려서 구름이 되게 하고

나머지는 지구로 보내서 온 땅을 물로 덮었다.

수 킬로미터의 깊이의 물로 뒤덮인

완벽한 구형의 지구는 옥구슬처럼 푸른빛으로 빛났다.

눈이 휘둥그래진 천사들은 말했다.

"하나님, 지구는 우주에서 가장 아름다운 예술품입니다."

"아니다 아직은 완전하지 않아

내가 저 아름다운 것을 손을 한 번 더 보아야 해"

"저렇게 아름다운 것을 다시 손볼 데가 어디 있습니까?

저기에 손을 다시 대면 작품이 망가질 것입니다."

다음 날 아침 천사들은 망연자실했다.

하나님은 완벽한 예술품을 망치고 계셨다.

완벽한 구형의 지구에 여기저기

높은 산이 솟아나고 골짜기가 생겨났다.

천사들은 실망해서 한숨을 쉬었다.

'긁어 부스럼 만들고 계시네'

그 날 오후가 되어

하나님께서 일을 끝내셨을 때

천사들은 놀라서 입을 다물지 못했다.

솟아오른 산에는 온갖 나무들이 자라고

나무 위에 새들이 노래하고

깊은 골짜기가 생겨서 깊어진 바다에는

더 많은 물고기 종류가 생겨서 헤엄치고

땅에 온갖 동물과 식물이 번식했다.

2

하나님을
어떻게
알 수 있는가?

제2장. 하나님을 어떻게 알 수 있는가?

* 외울 말씀 / 에베소서 1:17
우리 주 예수 그리스도의 하나님, 영광의 아버지께서 지혜와 계시의 정신을 너
희에게 주사 하나님을 알게 하시고.

한 로마인이 지혜로운 랍비(유대인 선생님)를 만나서 물었습니다. '당신들은 입만 벌리면 하나님을 말하는데 하나님이 정말 계시면 나에게 보여 주세요. 그러면 나도 그 하나님을 믿겠습니다.'하고 말했습니다. 그러나 그 랍비는 아무 말 없이 로마인을 밖으로 데리고 나갔습니다. 마침 그 때가 태양이 이글거리고 눈부시게 빛나는 시간이었습니다. 랍비는 로마인에게 '저기 저 태양을 두 눈을 똑바로 뜨고 바라보세요.' 말했습니다. '저렇게 이글거리는 태양을 직접 바라보게 되면 눈이 멀 것입니다.'라고 로마인이 대답하였습니다. 그 말을 들은 랍비는 '하나님이 만드신 태양도 사람이 똑바로 쳐다볼 수 없는데 어떻게 태양을 만드신 하나님을 사람이 볼 수 있겠습니까?'라고 대답하였습니다.

그렇습니다. 사람은 태양도 똑바로 쳐다볼 수 없습니다. 성경은 하나님을 보는 자는 죽을 것이라고 말씀합니다. 하나님께서 시내산에 강림하시기 전에 백성들이 시내산 근처에 오지 말게 하라고 모세에게 명령하십니다. 왜냐하면 하나님을 가까이 하고 하나님을 보는 자는 죽을 수 있기 때문입니다.

"주님께서 시내 산 곧 그 산 꼭대기로 내려오셔서, 모세를 그 산 꼭대기로 부르시니, 모세가 올라갔다.주님께서 모세에게 말씀하셨다. 너는 내려가서 백성에게, 나 주를 보려고 경계선을 넘어 들어오다가 많은 사람이 죽는 일이 없도록 하라고, 단단히 일러 두어라."(출애굽기 19:20~21)

하나님은 세상의 다른 사물처럼 인간의 오감을 통하여 알 수 있는 분이 아닙니다. 세상에 있는 사물을 인식할 때에는 오감을 통해서 인식합니다. 보이지 않는 것이나 보이는 것이나 사물의 존재를 인식하기 위해서는 반드시 청각, 시각, 후각, 미각, 촉각을 통해서 인지될 때에만 인식이 가능합니다. 그러나 하나님은 인간의 오감으로 인식할 수 없습니다. 하나님은 영이시기 때문에 보이지 않으시는 분이십니다.

"오직 그(하나님)에게만 죽지 아니함이 있고 가까이 가지 못할 빛에 거하시고 어떤 사람도 보지 못하였고 또 볼 수 없는 이시니 그에게 존귀와 영원한 권능을 돌릴지어다 아멘"(딤전 6:16)

보이시지 않는 하나님을 어떻게 알 수 있습니까?

하나님이 자신이 스스로 누구신가를 보여 주실 때 알 수 있습니다. 이것을 '계시'라고 말합니다. '계시'라는 말의 뜻은 덮개를 벗기다. 보이게 하다는 뜻이 있습니다. 하나님께서는 자신을 인간들이 알수 있도록 자신을 드러내 주십니다. 사람 속에 있는 생각은 다른 사람은 아무도 알 수 없습니다. 사람의 생각과 마음을 아는 방법은 본인이 자신의 생각과 마음을 몸짓이나 표정이나 말을 통해서 표현할때에만 알 수 있습니다. 하나님도 하나님이 자신을 어떤 방법으로든지 드러내 주실 때에만 사람이 알 수 있습니다. 하나님은 인간들에게 하나님을 알아볼 수 있도록 두 가지 도구를 주셨습니다. 첫째는 자연을 통하여 보여 주시고. 둘째는 성경을 통하여 보여 주시고, 셋째 육신을 입고 오신 예수님을 통하여 알려 주셨습니다. 자연을 통하여 보여 주신 것을 일반계시라고 하고 성경을 통하여 보여 주신 것을 특별계시라고 합니다.

첫째는 자연을 통하여 하나님을 알려 주셨습니다.
하나님을 직접 볼 수는 없습니다. 하지만 하나님이 계신 현상을 오감을 통하여 인지할 수 있습니다. 바람이 불면 바람은 보이지 않지만 나뭇가지가 흔들리는 것을 통하여 바람의 현상을 볼 수 있습니다. 바람은 보이지 않지만 바람이 나뭇가지를 흔드는 것을 보고 바람을 인지할 수 있습니다. 마찬가지로 하나님을 직접 볼 수는 없지만 하나님께서 존재하신 현상을 볼 수 있습니다. 하나님께서 우리에게 지혜와 계시의 정신을 주시면 하나님이 계신 현상들을 오감을 통하여 인지할 수 있게 됩니다. 하나님을 본다는 것은 하나님을 직접 대면하여서 본다는 말이 아니고 하나님이 계신 현상을 보는 것을 말씀합니다. 바람은 사람의 눈에 보이지 않습니다. 하지만 바람이 부는 현상은 눈으로 알 수 있습니다. 깃대 위에 걸린 깃발이 바람이 펄럭이고 풍차가 도는 것을 보면 바람이 부는 현상을 볼 수 있습니다. 그러나 바람 자체는 보이지 않습니다. 하나님도 하나님을 직접 볼 수는 없지만 하나님이 계신 현상은 볼 수 있습니다. 하나님이 만드신 자연을 통하여 하나님을 볼 수 있습니다.

어떤 사람이 만든 물건을 보면 그 물건을 통하여 그 사람의 성격과 기술을 알 수 있습니다. 자연만물은 하나님께서 창조하신 것이기 때문에 자연을 보면 하나님이 누구신가를 알 수 있습니다.

"이 세상 창조 때로부터, 하나님의 보이지 않는 속성, 곧 그분의 영원하신 능력과 신성은, 사람이 그 지으신 만물을 보고서 깨닫게 되어 있습니다. 그러므로 사람들은 핑계를 댈 수가 없습니다."(로마서 1:20).

세상에 있는 모든 물건은 누군가의 손을 통해 만들어졌습니다. 그리고 그 물건을 보면 그 사람의 능력과 성품을 알 수 있습니다. 필자는 청년 때에 김형석 교수 엣세이를 읽은 적 있는 데 무척 인상적이어서 지금도 기억한 내용이 있습니다. 길을 가다가 방망이를 만들어서 파는 노인에게 방망이를 사려고 기다리는 데 시간이 너무 많이 걸려서 빨리 좀 해달라고 했습니다. 그 말은 들은 노인장은 안 팔았으면 안 팔았지 손님이 급하다고 대충 만들 수는 없다고 말했다고 합니다. 그 방망이를 볼 때마다 그 분이 얼마나 성실하고 장인정신이 투철한 사람인지 기억했다고 합니다.

우리는 웅장한 우주와 섬세한 작은 꽃들과 온갖 미물들을 볼 때에 그것을 만든 분이 누구인지 알 수 있습니다. 우선은 사람이 우주 만물을 만들 수 없다는 것을 알 수 있습니다. 사람이 땅과 하늘과 그 가운데 있는 것을 만들 수 없다는 것을 모두가 인정합니다. 사람보다 위대한 이가 모든 것을 만드셨습니다. 성경은 하나님이 이 모든 것을 만드셨다고 알려 줍니다. 하나님이 만드신 자연의 웅장함과 신비함을 보면 그것을 만드신 하나님의 위대하심과 신비하심을 알 수 있습니다. 구약성경 시편에는 자연 속에 그려진 하나님의 모습을 다음과 같이 표현합니다.

"하늘은 하나님의 영광을 드러내고, 창공은 그의 솜씨를 알려 준다. 낮은 낮에게 말씀을 전해 주고, 밤은 밤에게 지식을 알려 준다.

그 이야기 그 말소리, 비록 아무 소리가 들리지 않아도 그 소리 온 누리에 울려 퍼지고, 그 말씀 세상 끝까지 번져 간다."(시 19:1~4).

그러나 자연을 통하여 하나님을 희미하게 알 수 있지만 분명하게 알 수 없습니다. 이것은 두 가지 이유 때문입니다.

첫째는 인간이 하나님께 범죄함으로 말미암아 자연이 저주를 받아서 자연 가운데 나타난 하나님의 능력과 신성이 희미해졌기 때문입니다. 성경에는 사람이 범죄로 말미암아 자연이 원래의 기능을 많이 잃었다고 알려 줍니다.

아담과 하와가 선악과를 따 먹지 말라는 하나님의 명령을 어겼을 때에 땅이 황폐해졌습니다.

"남자에게는 이렇게 말씀하셨다. 네가 아내의 말을 듣고서, 내가 너에게 먹지 말라고 한 그 나무의 열매를 먹었으니, 이제, 땅이 너 때문에 저주를 받을 것이다. 너는, 죽는 날까지 수고를 하여야만, 땅에서 나는 것을 먹을 수 있을 것이다. 땅은 너에게 가시덤불과 엉겅퀴를 낼 것이다. 너는 들에서 자라는 푸성귀를 먹을 것이다."(창 3:17~18).

텔레비전 안테나가 좋지 않아서 화면이 흐려지면 화면에 나타난 사람이 무슨 옷을 입었는지 얼굴이 어떻게 생겼는지 알아볼 수 없습니다. 자연은 하나님을 보여 주는 그림인데 인간의 범죄로 말미암아 자연 속에 있는 하나님의 그림이 희미해졌습니다.

둘째는 인간이 하나님께 범죄함으로 말미암아 하나님의 계시를 볼 수 있는 인간의 눈이 어두워졌습니다. 텔레비전 화면이 아무리 밝고 맑아도 보는 사람의 눈이 어두우면 깨끗하게 보이지 않습니다. 마찬가지로 모든 인간들은 그들의 조상 아담과 하와가 범죄 이후에 눈이 어두워져서 자연 속에 계시된 하나님을 선명하게 볼 수 없습니다. 그러므로 하나님께서는 인간들이 하나님을 알 수 있도록 다른 방법을 취하셨습니다. 성경을 통하여 자연을 통하여 알려 주신 것보다 정확하고 세밀하게 알게 하셨습니다.

둘째 성경을 통하여 하나님을 알려 주셨습니다.

자연계시는 사물을 통하여 하나님이 누구신가를 알려 주신 것이라면 성경은 언어를 통하여 하나님이 누구신가를 알려 줍니다. 신학적인 용어로 앞에서 말한 자연을 통하여 하나님을 보여 주시는 것을 일반계시라고 하고 성경을 통하여 하나님을 알게 하신 것을 특별계시라고 합니다. 인간이 범죄하기 전에는 자연에 계시된 하나님의 능력과 신성을 보고도 충분히 하나님을 알 수 있었지만 인간이 범죄함으로 말미암아 자연에 나타난 하나님을 알게 하는 빛이 희미해졌고 인간의 영적인 눈이 어두워져서 하나님을 희미하게밖에 볼 수 없었습니다. 그리고 중요한 것은 자연을 통하여 간접적으로 나타난 하나님의 계시는 범죄한 인간들을 위하여 하나님께서 아들 예수님을 보내셨다는 것을 알 수 없습니다. 인간의 몸을 입고 오신 예수님이 인간의 죄를 사하시기 위하여 십자가에 죽으시고 부활하셔서 그를 믿는 자들에게 죄 사함과 부활과 영생을 주셨다는 진리를 알릴 수 없었습니다.

그러므로 하나님께서는 하나님과 구세주 예수님을 알리시는 방법으로 성경을 주셨습니다. 성경이 어떻게 하나님이 계신 것과 하나님이 누구신가를 알려 줍니까? 성경은 하나님의 말씀이기 때문입니다. 성경은 사람이 기록하고 전해 준 책입니다. 그런데 왜 성경을 하나님의 말씀이라고 합니까? 성경을 기록한 사람들 마음속에 하나님의 영이신 성령님을 보내 주셔서 그 글을 쓰게 했기 때문입니다. 이것을 어려운 말로 영감이라고 합니다.

"모든 성경은 하나님의 영감으로 된 것으로서 교훈과 책망과 바르게 함과 의로 교육하기에 유익합니다. 성경은 하나님의 사람을 유능하게 하고, 그에게 온갖 선한 일을 할 수 있게 하는 것입니다."(딤후 3:16~17).

특별계시인 성경은 구약 39권 신약 27권으로 되었습니다. 하나님이 누구신지 알기 위해서는 이 성경을 부지런히 읽고 성경을 풀어서 해설하는 설교를 부지런히 들어야 합니다. 성경을 부지런히 읽고 그 말씀을 묵상하면 하나님이 누구신가를 알게 됩니다. 성경을 묵상한다는 것을 어렵게 생각할 필요가 없습니다. 가끔 누군가에게 기분 나쁜 말이나 마음에 상처가 되는 말을 들으면 그 말을 곰곰이 생각하느라 잠도 못 잘 때가 있습니다. 이와같이 하나님의 말씀을 곰곰이 생각하면서 시간을 보내는 것을 묵상이라고 합니다. 묵상이란 성경 말씀을 항상 생각하고 마음에 품고 사는 것을 의미합니다. 또한 성경말씀을 풀어서 해석하고 오늘 우리 삶에 적용하는 설교를 자주들을 때에 성경에서 계시하시는 하나님을 알 수 있습니다.

셋째 예수님을 통하여 알려주십니다.

자연 속에서는 하나님의 능력과 신성을 간접적으로 볼 수 있습니다. 특별계시인 성경을 통해서는 귀로 들음으로 말미암아 하나님을 알 수 있습니다. 그러나 하나님이 사람의 눈으로 볼 수 있게 나타나셨습니다. 그 분이 바로 예수님이십니다. 예수님은 원래 하나님의 아들이신데 이 세상에 사람의 모습으로 나타났습니다.

"예수께서 대답하셨다. 빌립아, 내가 이렇게 오랫동안 너희와 함께 지냈는데도, 너는 나를 알지 못하느냐? 나를 본 사람은 아버지를 보았다. 그런데 네가 어찌하여 '우리에게 아버지를 보여 주십시오' 하고 말하느냐?"(요한복음 14:9)

예수님은 하나님이 계신 것을 증명하셨습니다. 예수님은 많은 기적을 베푸셔서 하나님의 능력을 보여 주셨습니다. 불치병에 걸린 많은 사람들을 치료하셨습니다. 죽은 사람을 살려주셨습니다. 물 위를 걸으셨습니다. 물이 변하여 포도주가 되게 하셨습니다. 이런 기적을 통하여 예수님이 하나님이신 것을 나타내셨고 기적을 본 사람들은 예수님이 하나님이신 줄 알아보았습니다.

"예수께서 이 첫 번 표징을 갈릴리 가나에서 행하여 자기의 영광을 드러내시니, 그의 제자들이 그를 믿게 되었다."(요 2:11).

예수님이 세상에 오시므로 말미암아 하나님이 어떤 분이신지 모든 사람들이 눈으로 볼 수 있게 되었습니다.

하나님을 알게 해달라고 기도하세요.

사도바울은 에베소 교인들이 하나님을 알 수 있게 해달라고 기도했습니다.

"우리 주 예수 그리스도의 하나님이신 영광의 아버지께서 지혜와 계시의 영을 여러분에게 주셔서, 하나님을 알게 하시고,"(에베소서 1:17)

하나님은 자연계시와 특별계시와 예수님을 통하여 알 수 있습니다. 하지만 하나님이 믿음을 주시지 않으면 자연을 보고도 그 안에 계시하신 하나님을 볼 수 없습니다. 성경을 보고도 알 수 없습니다. 하나님을 아는 것은 인간의 이성이나 경험으로 이해하는 것이 아닙니다. 세상에 모든 지식은 습득하는 방법이 다릅니다. 외국어는 무조건 단어를 외워야 합니다. 수학은 논리적인 사고와 추리력을 통하여 배울 수 있습니다. 자전거를 타는 것은 직접 몸으로 부딪혀 타 보아야 배울 수 있습니다. 수학이나 영어를 공부하는 방법으로 자전거 타는 것을 배울 수 없습니다. 이론적인 책을 아무리 많이 읽어도 몸으로 부딪히지 않으면 자전거 타는 방법을 배울 수 없습니다. 하나님을 아는 것은 이론을 이해하는 것이 아닙니다. 신에 대해서 연구한 많은 학자들이 하나님을 만나지 못한 경우가 많습니다. 왜냐하면 하나님을 이론적으로 이해하려고 하기 때문입니다. 하나님은 인간의 이해를 초월해 계십니다. 만약 하나님이 인간의 이성으로 이해가 된다면 그 분은 하나님이 아닙니다. 인간이 머리로 이해할 수 있고 설명할 수 있는 분이라면 인간보다 못한 존재입니다. 작은 그릇 안에 그릇보다 큰 물건을 담을 수 없습니다. 어떤 물건을 담기 위해서는 그 물건보다 조금이라도 큰 그릇이 필요합니다. 우주 속에서 먼지와 같이 작은 인간은 우주보다 크신 하나님을 이해할 수 없습니다. 하나님은 신비입니다. 신비는 사실은 사실이지만 인간의 머리로 이해할 수 없는 것입니다. 하나님이 주신 지혜와 계시의 정신으로 하나님을 알게 되는 것입니다.

하나님의 성령님이 임하실 때에 자연계시인 자연과 특별계시인 성경과 보이는 하나님으로 오신 예수님을 통하여 보여 주신 하나님을 알 수 있게 됩니다.

"사람 속에 있는 그 사람의 영이 아니고서야, 누가 그 사람의 생각을 알 수 있겠습니까? 이와 같이, 하나님의 영이 아니고서는, 아무도 하나님의 생각을 깨닫지 못합니다."(고린도전서 2:11).

하나님의 영이신 성령님을 보내주셔서 하나님을 더 깊이 알 수 있게 해주시도록 늘 기도해야 합니다.

기도

하나님 아버지 저는 어리석고 미련해서 하나님을 알 수 없습니다. 성령님을 보내셔서 우둔한 나를 깨우쳐 주시고 어두운 영안을 밝혀 주셔서 자연 속에 나타난 하나님과, 성령이 알려 주신 하나님과 예수님이 오셔서 알려 주신 하나님을 더 많이 깊이 알게 하소서.

아벨의 핏 소리

마 문 철

아벨은 정성을 다하여 하나님께 제사를 드리자
하나님이 그의 제사를 받으셨다는 징표로
하늘에서 불이 내려왔고
아벨이 마음에 하늘의 기쁨과 평안이 임했다.
아벨에 기쁨과 감사로 기쁨을 누리고 있을 때에
형식적인 제사를 드리고 거절당한 가인이
몰래 다가와서 곡괭이로 아벨의 머리를 내리치자
아벨은 한 마디 비명도 지르지 못하고
그 자리에서 피를 흘리고 죽었다.
가인의 완벽한 승리였으며
자기보다 아벨을 사랑하는 하나님께 대한
완벽한 복수였고

악인의 의인에 대한 승리이고

거짓예배자의 참된 예배자에 대한 승리였다.

아직 지구에 아담과 하와 가인과 아벨

네 사람밖에 없는 상태여서

증인이 없는 완전범죄였다.

가인은 네 동생이 어디 있느냐는 하나님의 질문에

"내가 내동생을 지키는 자입니까" 시치미를 뗐다.

주님께서 말씀하셨다.

"네가 무슨 일을 저질렀느냐?

너의 아우의 피가 땅에서 나에게 울부짖는다."

하나님이 아벨의 핏소리를 들으셨던 순간

완벽하다고 생각했던 가인의 승리는

아벨의 핏소리 때문에 처절한 패배가 되었다.

아벨의 핏소리의 승리는

골고다 언덕의 예수님의 십자가의 피의 승리 서곡이었다.

예수님의 피는 소리친다.

"예수님의 십자가의 보혈을 믿는 모든 자들은

죄 사함을 받고 구원 받아 영생을 누리게 되리라"

3

영이신 하나님을
어떻게
인식할 수 있는가?

제3장. 영이신 하나님을 어떻게 인식할 수 있는가?

* 외울 말씀 / 요 16:13
진리의 성령이 오시면 그가 너희를 모든 진리 가운데로 인도하시리니 그가 스스로 말하지 않고 오직 들은 것을 말하며 장래 일을 너희에게 알리시리라.

KBS에서 종교에 대한 특집을 방영한 적 있습니다. 유튜브 영상으로 올라와 있으니 시간 되신 독자들은 시청하시면 도움이 될 것입니다. 마지막회에 종교학자 정진홍 교수와 르뽀의 진행자인 독일인의 대담이 나옵니다. 대담자가 마지막으로 질문합니다.

'교수님은 평생 종교를 연구했는데 신이 있다고 믿습니까? 없다고 믿습니까?' 평생을 종교학 교수로 신에 대해서 연구한 정진홍 교수는 다음과 같이 대답합니다.

'신이 있다고 믿는 사람에게는 신이 있고, 신이 없다고 믿는 사람에게는 신이 없다.'고 대답했습니다. 이 대답은 자신도 신이 존재하는지 존재하지 않는지 알 수 없다는 뜻입니다. 평생을 종교에 대한 연구에 인생을 투자한 교수가 종교에 있어서 가장 중요한 문제인 신의 존재에 대해서 알지 못한다고 고백한 것이나 마찬가지입니다.

현대인들이 어떤 진실을 규명하는 데 있어서 가장 신뢰하는 방법은 과학적인 증명 방법입니다. 요즘 일반인들도 가장 흔하게 사용하는 과학적 방법이 친자 확인을 위한 DNA 검사입니다. 기본적으로 혈액형을 통하여 친자를 확인하는 방법이 있습니다. 하지만 혈액형으로 확인할 수 없고, 혹은 혈액형으로 확인이 되어도 확실하게 해두기 위해서 유전자 검사를 합니다. 유전자 검사를 통하여 나온 결과는 아무도 부인할 수도 없습니다.

그러면 영으로 계신 하나님의 존재도 과학으로 증명이 가능할까요? 신에 대해서 관심이 많은 과학자들은 두 가지 목적으로 신의 존재를 과학으로 밝혀내기 위해서 노력했습니다. **한 부류는** 신의 존재를 부인하기 위해서 과학의 기법으로 신을 연구했습니다. 이들은 대답을 쉽게 얻습니다. 아무리 연구해도 과학으로 신의 존재를 알아낼 수 없기 때문입니다. 그러므로 과학적인 방법으로 신의 존재를 연구해 보았는데 증거를 찾을 수 없기 때문에 신은 없다고 말합니다.

또 한 부류는 신의 존재를 증명하기 위해서 과학의 기법으로 신이 존재한다는 사실을 증명하기 위해서 연구했습니다. 두 번째 방법 즉 과학으로 신의 존재를 증명하는 것은 훨씬 어려운 일입니다. 그러니까 과학으로 신의 존재를 부인하는 학자들과 존재를 증명하는 학자들이 경쟁을 하면 존재를 입증하는 학자가 훨씬 불리한 위치에 있게 됩니다. 왜냐하면 근본적으로 신을 과학으로 증명할 수 없기 때문입니다.

성경에 나온 신, 여호와 하나님은 과학으로 증명할 수 없습니다. 성경에 분명히 여호와 하나님은 '영'이라고 소개하고 있기 때문입니다. 예수님은 하나님은 영이시라고 분명히 말씀하십니다.

"하나님은 영이시다. 그러므로 하나님께 예배를 드리는 사람은 영과 진리로 예배를 드려야 한다."(요 4:24).

하나님을 과학으로 증명할 수 있다고 말하는 것은 하나님이 영이시라는 사실을 부인하는 오류를 범합니다. 영은 과학으로 접근할 수 없습니다. 영은 물질이 아닙니다. 과학은 연구 대상의 존재를 확인할 수 있어야 합니다. 세상에는 사람의 오감을 통하여 인식할 수 없는 많은 것들이 있습니다. 너무 작아서 확인할 수 없었던 세균이나 바이러스는 성능 좋은 현미경을 통하여 존재를 확인하였습니다. 현미경은 전에 보지 못하던 바이러스와 세균을 볼 수 있는 길을 열어주었습니다. 라디오 방송국이나 휴대폰의 작동을 가능하게 해준 전파도 눈에 보이지 않지만 측정 도구를 통하여 그 존재를 확인할 수 있습니다. 전파는 어떤 기구로도 인간의 눈으로 볼 수 없습니다. 하지만 측정 도구를 통하여 전파가 존재하는 것을 증명할 수 있습니다. 과학은 사람의 눈에 보이고 사람의 손에 잡히는 물질을 분석하고 원리를 발견할 수 있습니다. 다음으로 눈에도 보이지 않고 손에도 잡히지 않지만 측정기계를 통하여 존재가 확인된 것만 연구할 수 있습니다. 과학적인 방법은 육안으로든, 측정 도구로든지 존재가 잡혀야 연구할 수 있습니다. 측정 도구를 통하여 존재를 증명하는 것도 과학의 중요한 과제입니다.

하지만 하나님은 사람의 오감을 통하여 인식될 수 없습니다. 그리고 앞으로 과학이 아무리 발달해도 보이지 않는 전파를 측정할 수 있는 기계를 고안해 내는 것처럼 하나님의 존재를 확인하고 계량할 수 있는 기구는 만들지 못합니다.

하나님의 영을 통하여 영이신 하나님 알 수 있다

성경은 인간이 하나님을 아는 유일한 방법은 영이신 하나님이 그분의 영이신 성령님을 인간에게 보내 주시면 알 수 있다고 말씀합니다.

"사람 속에 있는 그 사람의 영이 아니고서야, 누가 그 사람의 생각을 알 수 있겠습니까? 이와 같이, 하나님의 영이 아니고서는, 아무도 하나님의 생각을 깨닫지 못합니다. 우리는 세상의 영을 받은 것이 아니라, 하나님에게서 오신 영을 받았습니다. 그것은, 하나님께서 우리에게 은혜로 주신 선물들을 우리로 하여금 깨달아 알게 하시려는 것입니다."(고전 2:11~12).

다른 사람의 머리에 있는 생각이나 마음에 품고 있는 감정을 타자가 객관적으로 연구해 알아낼 수 없습니다. 거짓말 탐지기는 질문을 받을 때에 일어나는 감정의 변화나 뇌의 활동을 특정해서 추론하는 방법으로 진술의 진위를 가립니다. 하지만 그 결과를 확신하지 못하기 때문에 거짓말 탐지기에서 나온 결과를 수사관들이 범인 수사나 사건의 실마리를 푸는 데 참고는 하지만 사법기관에서 증거로 채택은 하지 않습니다. 사람의 생각과 마음은 다른 사람이 알아낼 수 있는 방법이 없습니다.

하나님에 관한 모든 것도 마찬가지입니다. 하나님은 영이시기 때문에 하나님의 영이 임해야 하나님을 알 수 있습니다. 하나님의 영이신 성령님이 오시면 그 성령님의 도우심으로 하나님을 알게 되고 믿게 됩니다. 하나님은 너무나 추상적입니다. 하지만 성령님이 오시면 구체적인 삶 속에 주관적인 경험을 통하여 하나님을 경험적으로 알게 됩니다. 하나님은 인간이 물질의 세계를 분석하고 연구해서 원리를 알아내고 활용하는 것처럼 알 수 없습니다. 하나님의 영이 인간에게 오셔서 하나님을 알려 주시고 하나님을 경험하도록 도우실 때 알 수 있습니다.

예수님은 많은 사람들에게 은혜로운 설교를 하셨습니다. 설교의 중심은 언제나 하나님과 하나님의 나라였습니다. 예수님의 설교의 핵심은 하나님이 누구신가 알려 주는 설교였습니다. 예수님은 하나님과 함께 계시다가 세상에 오셨습니다.

"이 말은, 하나님께로부터 온 사람 외에 누가 아버지를 보았다는 것을 뜻하지 않는다. 하나님께로부터 온 사람만이 아버지를 보았다."(요 6:46).

영원전부터 하나님과 함께 계시다가 오시고 하나님이신 예수님이 하나님에 대해서 가르치셨습니다. 그런데 아버지를 직접 보고 오신 예수님의 설교를 듣고도 사람들은 하나님을 이해하지 못했습니다. 예수님께 3년 동안 배운 예수님의 제자 빌립은 하나님이 누군지 알려달라고 했습니다. 예수님보다 하나님을 더 잘 설명할 수 있는 분은 없습니다. 그런데 예수님의 제자들조차도 예수님의 설명을 듣고도 하나님을 모르고 하나님을 알려달라고 하였습니다. 예수님은 하나님을 보여달라고 하는 제자 빌립에게 다음과 같이 말씀하셨습니다.

"예수께서 대답하셨다. 빌립아, 내가 이렇게 오랫동안 너희와 함께 지냈는데도, 너는 나를 알지 못하느냐? 나를 본 사람은 아버지를 보았다. 그런데 네가 어찌하여 '우리에게 아버지를 보여 주십시오' 하고 말하느냐"(요 14:9).

그러나 예수님은 예수님의 설교를 듣고도 하나님을 모르는 사람들을 보고 실망하시지 않았습니다. 하나님의 영의 인도를 받으면 하나님을 알 수 있을 것이라고 믿었기 때문입니다.

"그러나 그분 곧 진리의 영이 오시면, 그가 너희를 모든 진리 가운데로 인도하실 것이다. 그는 자기 마음대로 말씀하지 않으시고, 듣는 것만 일러주실 것이요, 앞으로 올 일들을 너희에게 알려 주실 것이다."(요 16:13).

세상의 대학자들도 하나님을 알려고 연구했지만 알지 못했습니다. 하나님의 아들로 하늘에서 오신 예수님의 설명을 듣고도 하나님을 알 수 없었습니다. 그러나 주님의 말씀대로 성령님이 임하시고 매일의 삶 속에서 성령님이 나를 인도하시는 것을 경험하고 하나님을 알았습니다. 하나님의 실존을 경험하는 가장 좋은 방법은 구체적인 삶의 현실에서 하나님이 나를 인도하신다는 것을 체험하는 것입니다. 하나님의 자녀들은 하나님의 영이신 성령님이 항상 인도하시고 이끄시고 지도하십니다.

"하나님의 영으로 인도함을 받는 사람은, 누구나 다 하나님의 자녀입니다."(롬 8:14).

오늘도 구체적인 삶 속에서 나를 인도하시는 하나님의 손길을 체험하십시오.

기독교의 오랜 전통에서 영으로 계신 하나님이 내 안에 존재 하시고 내 인생을 이끌어가신다는 것을 확인하는 데 두 가지 원리를 사용했습니다. 그것은 그릇 원리와 도구 원리입니다. 이 원리를 그릇원리와 도구원리라는 것을 알지 못했지만 실제로 신앙생활 오래 하신 분들은 이 원리에 근거한 목사님들의 설교를 많이 들었고 본인도 하나님의 존재와 일하심을 경험하고 하였습니다.

그릇 원리

그릇 이론은 하나님의 영이 내 안에 들어와 계신다는 것을 확인함으로 하나님의 존재를 확인하는 방법입니다. 그릇에 어떤 물건이 담겨 있으면 우리는 알 수 있습니다. 성경에 보면 하나님의 영은 보이지도 않고 잡히지도 않지만 하나님의 영이 임하면 육신에 변화가 나타났습니다. 가장 극적인 예는 다니엘 선지자에게 나타났습니다. 그에게 하나님의 영이 임했을 때에 몸에 놀라운 일이 일어났습니다.

"이 환상을 본 사람은 나 혼자뿐이었다. 나와 함께 있던 사람들은 아무것도 보지 못했는데도 공포에 사로잡혀 달아나 숨었다. 그래서 나 혼자 남아 이 놀라운 환상을 보게 되었다. 그때 나는 몸에 힘이 빠지고 얼굴이 창백하여 쓰러질 것만 같았다. 나는 그의 음성을 듣는 순간 얼굴을 땅에 대고 엎드린 채 의식을 잃고 말았다."(단 10:7~9).

사도 바울도 하나님을 만나기 전에 성경공부를 많이 했습니다. 하지만 성경지식을 통하여 그가 알았던 하나님은 하나님이 아니었습니다. 그가 예루살렘에서 다메섹으로 가다가 영으로 계신 예수님을 만났습니다. 영으로 계신 예수님을 만났을 때에 그의 몸에 유의미한 사건이 일어났습니다.

"사울이 길을 가다가, 다마스쿠스 가까이에 이르렀을 때에, 갑자기 하늘에서 환한 빛이 그를 둘러 비추었다. 그는 땅에 엎어졌다. 그리고 그는 '사울아, 사울아, 네가 왜 나를 핍박하느냐?' 하는 음성을 들었다."(행 9:3~4).

이 두 가지 예는 극적인 예입니다. 그러나 보통 사람들도 각자 다른 방법으로 주의 영이 임하시면 신체의 오감을 통하여 하나님의 영의 임재를 경험할 수 있습니다. 가장 흔한 경험이 기도하거나 찬송을 할 때입니다. 하나님의 영이 임재하시면 나는 의도적으로 울지 않으려고 노력하는 데 눈물이 나는 경우입니다. 눈물이 나고 울음이 나오지만 그 심령에는 깊은 강 같은 고요한 평강이 찾아옵니다.

예수님이 우리 안에 계십니다. 깊은 기도와 묵상을 통하여 내 안에 예수님이 계신 것을 오감을 통하여 경험하는 것입니다. 몸에 일어난 이상 현상이 일어납니다. 전에 지구촌 교회 이동원 목사님이 앞장서서 일으켰던 관상기도가 이 기도입니다. 관상기도란 하나님의 존재 앞에 자신이 서 있다는 것을 의도적으로 의식하는 기도입니다.

사람이 음식을 먹은 다음에 일어난 일은 의식하지 않습니다. 자율신경이 알아서 소화를 시키고 그 안에서 양양분을 섭취하고 찌꺼기를 배출합니다. 하지만 배가 아프면 내가 음식을 먹었고 먹은 음식에 문제가 있다는 사실을 인지하기 때문에 음식을 먹고 난 이후에 내 장기 안에서 일어난 일을 의식하게 됩니다. 보통 사람들은 호흡을 할 때에 자신이 호흡을 한다는 사실 자체를 의식하지 않습니다. 하지만 운동선수들은 의도적으로 의식하면서 호흡을 합니다. 마라톤 선수들을 호흡을 의도적으로 하면 조절하면서 호흡을 합니다. 교회를 다니거나 신앙생활 하신 분들이 종교행사에 참여하고 종교적인 행위를 습관적으로 합니다. 신앙생활하기 때문에 하나님의 영이 당연히 자기 안에 있을 것이라고 생각합니다. 하지만 내 안에 신의 활동을 인식하기 위해서 의도적으로 하나님의 존재를 의식하면서 신앙생활을 하는 것이 필요합니다. 내가 오감을 통하여 하나님의 존재가 인식되지 않지만 내 안에 주의 영이 계시며 나의 삶의 보이지 않는 예수님이 동행하신다는 것을 의식하고 살면 내 안에 하나님과 예수님의 영이신 성령님이 계신 것을 체험할 수 있습니다.

도구 원리

그릇 이론이 내 몸 안에서 일어나는 현상과 느낌을 통하여 내 안에 주의 영이 계신 것을 확인합니다. 도구 이론은 내 몸 밖에 내 삶에서 일어나는 사건이나 환경의 변화를 통하여 하나님을 인식할 수 있다는 원리입니다. 내 인생이 하나님의 손에 있고 하나님이 나를 그분의 뜻을 이루는 데 사용하고 있다는 것을 깨달을 때 구체적으로 하나님을 경험할 수 있습니다.

대표적인 사람은 모세입니다. 모세는 자신의 안에서 일어나는 어떤 느낌이나 체험을 통하여 하나님을 만난 것이 아닙니다. 외부에서 일어난 사건을 통하여 하나님을 만나고 하나님을 알게 되었습니다. 갓난아이였을 때에는 이집트인들의 히브리민족 말살정책 때문에 죽음의 위협 앞에 놓였습니다. 부모는 어쩔 수 없는 선택으로 아이를 갈대 상자에 넣어서 갈대밭에 두었습니다. 그 때 그 시간에 하나님은 이집트 공주가 그곳으로 산책을 나오게 이끌어서 어린 모세의 울음소리를 듣고 아이를 데려다가 자신의 양아들로 삼게 하셨습니다. 그 후 모세는 40년은 왕궁에서 40년은 광야에서 살았습니다. 그 이

후에 80세 때에 하나님의 부르심을 받았습니다. 부르심을 받을 때에도 내부의 어떤 심정적인 변화나 세미한 음성을 들은 것이 아닙니다. 외부에서 일어난 한 사건을 목격하게 되었습니다.

"모세는 미디안 제사장인 그의 장인 이드로의 양 떼를 치는 목자가 되었다. 그가 양 떼를 몰고 광야를 지나서 하나님의 산 호렙으로 갔을 때에, 거기에서 주님의 천사가 떨기 가운데서 이는 불꽃으로 그에게 나타났다. 그가 보니, 떨기에 불이 붙는데도, 그 떨기가 타서 없어지지 않았다. 모세는, 이 놀라운 광경을 좀 더 자세히 보고, 어째서 그 떨기가 불에 타지 않는지를 알아 보아야 하겠다고 생각하였다. 모세가 그것을 보려고 오는 것을 보시고, 하나님이 떨기 가운데서 '모세야, 모세야!' 하고 그를 부르셨다. 모세가 대답하였다. 예, 제가 여기에 있습니다."(출 3:1~4).

이후 모세는 이스라엘 백성들을 이집트인들의 땅에서 탈출시키는데 하나님의 도구로 사용되었습니다. 모세가 하나님의 명령을 수행할 때에 자신이 양을 칠 때 사용하던 지팡이를 사용하였습니다. 마른 막대기인 지팡이를 이용해서 하나님의 명령을 수행하게 하셨습니다.

"그러나 모세는 이렇게 말씀을 드렸다. 그들이 저를 믿지 않고, 저의 말을 듣지 않고, '주님께서는 너에게 나타나지 않으셨다' 하면 어찌합니까? 주님께서 그에게 물으셨다. '네가 손에 가지고 있는 것이 무엇이냐?' 모세가 대답하였다. '지팡이입니다.' 주님께서 말씀하셨다. '그것을 땅에 던져 보아라.' 모세가 지팡이를 땅에 던지니, 그것이 뱀이 되었다."(출 4:1~3).

모세는 많은 일을 할 때 지팡이를 사용하였습니다. 이집트에 각종 재앙을 내릴 때에 지팡을 사용했습니다. 홍해를 가를 때에도 지팡이를 사용했습니다. 이것은 하나님께서 모세를 지팡이 사용하듯 사용하신 것을 상징하기도 합니다. 모세에게 지팡이를 사용해서 많은 일을 하게 하신 것은 모세가 하나님의 손에 지팡이처럼 사용된다는 것을 알려 주시기 위함이었습니다. 내부적인 어떤 감동과 느낌이 없지만 자신의 삶의 여정을 돌아볼 때에 하나님의 손이 나와 함께 하셨다는 것이 깨달아질 때가 있습니다. 이 사실은 내가 하나님께 택함을 받았고 영생의 약속을 받은 자라는 믿음을 갖게 하고 그 믿음은 천국과 영생에 대한 확신을 갖게 합니다.

로뎀나무 사명

마 문 철

광야 바위틈에 로뎀 나무
세찬 바람을 친구 삼아 외로움 달래며
낮의 더위와 밤에 추위를 견디며
조금씩 자라 작은 그늘 만들었네.
목재가 아니니 찾는 이도 없고
관상목이 아니니 보러 온 자도 없고
탐스런 열매 없으니 바라보는 이도 없어
자신의 존재 자체를 부끄러워했다네.
어느 날 텁수룩한 수염의 나그네가
힘들고 지쳐 죽은 자의 모습을 하고
찾아와서 로뎀 나무가 만든
아주 좁은 그늘 아래서 잠이 들었다네.

한 천사가 찾아와 잠든 엘리야를 깨워

음식을 주며 말씀으로 격려하고

격려를 받은 엘리야는 새 힘을 얻어

광야의 거친 길을 다시 걸어 길을 떠났다네.

목재도 아니고 관상목도 아니요

꽃도 열매도 없어 부끄러워했던 로뎀나무

자신의 그늘에서 쉼을 얻은 나그네를 보고

힘겹게 살아온 삶의 보람을

긴 세월 인내한 상급을

타는 목마름과 살을 에는 추위를 견딘

기쁨을 얻었다네.

제발 멈춰 달라고 부탁했지만

결코 멈추지 않았던 무자비한

바람을 향해 두 팔을 벌리고

무더위로 평생 자신을 힘들게 한

뜨거운 태양을 보며

로뎀나무는 소리쳤다네.

"슬픔과 고통과 외로운 삶이었지만

단 한 사람에게라도 삶이

작은 위로와 용기를 줄 수 있다면

그저 긴 세월 고난만 있었던
내 삶도 충분히 가치 있는 삶이다."
기억하라.
그저 고통과 슬픔으로 가득 찬 삶을
묵묵히 살아내는 당신을 보고
누군가 위로를 받고
용기를 얻은 사람이 있다는 것을.

4

하나님은
어떤
분이신가?

제4장. 하나님은 어떤 분이신가?

* 외울 말씀 / 역대상 29:11
여호와여 위대하심과 권능과 영광과 승리와 위엄이 다 주께 속하였사오니 천지
에 있는 것이 다 주의 것이로소이다 여호와여 주권도 주께 속하였사오니 주는
높으사 만물의 머리이심이니이다.

앞 장들에서 하나님은 자연계시와 특별계시인 성경과 보이는 하나님으로 이 땅에 찾아오신 예수님를 통해서 알 수 있다고 하였습니다. 그리고 지금 여기 영으로 살아 계시지만 육안으로는 보이지 않는 하나님을 성령님을 통하여 인식할 수 있다고 설명했습니다. 이 장에서는 특별계시인 성경에서 하나님이 어떤 분이라고 소개하고 있는지 배우게 됩니다. 특별계시인 성경은 하나님이 어떤 분이신가를 알려줍니다. 하나님은 영이시고 인격체이시며 완전하신 분이십니다.

첫째 하나님은 영이십니다.

예수님께서는 하나님은 영이시라고 말씀하셨습니다.

"하나님은 영이시니 예배하는 자가 신령과 진정으로 예배할지니라."(요한복음 4:24)

하나님이 영이시라는 것은 부정적인 의미로 그 분은 사람의 눈으로 볼 수 없다는 뜻입니다. 왜냐하면 영은 사람의 육신의 눈에 보이지 않습니다. 보이시지 않는 하나님을 믿는다는 것은 어렵습니다. 그러나 긍정적인 의미로 하나님은 눈에 보이지 않고, 손으로 만질 수 있는 육체를 가진 분은 아니지만 그 분은 분명히 존재하는 분이라는 뜻입니다. 즉 하나님이 계시는데 오감을 통하여 인지할 수 없는 것은 그 분이 영으로 존재하시기 때문입니다. 또한 하나님은 육체를 가진 인간처럼 공간이나 시간에 제한을 받지 않으신다는 뜻입니다. 하나님이 인간과 같은 육체를 가지셨으면 시간과 공간에 제약을 받았을 것입니다. 그러나 하나님은 영이시기 때문에 공간과 시간에 제약을 받지 않으십니다. 어디든지 동시에 계실 수 있습니다. 한자로 無所不在(무소부재)하신 하나님이시라고 말합니다.

"내가 주님의 영을 피해서 어디로 가며, 주님의 얼굴을 피해서 어디로 도망치겠습니까? 내가 하늘로 올라가더라도 주님께서는 거기에 계시고, 스올에다 자리를 펴더라도 주님은 거기에도 계십니다.

내가 저 동녘 너머로 날아가거나, 바다 끝 서쪽으로 가서 거기에 머무를지라도, 거기에서도 주님의 손이 나를 인도하여 주시고, 주님의 오른손이 나를 힘있게 붙들어 주십니다."(시 139:7~10).

이 세상 어디든지 그곳에 영으로 계신 하나님이 계십니다.

그는 영원하신 분이십니다. "하늘과 땅은 모두 사라지더라도, 주님만은 그대로 계십니다. 그것들은 모두 옷처럼 낡겠지만, 주님은 옷을 갈아입듯이 그것들을 바꾸실 것이니, 그것들은 다만, 지나가 버리는 것일 뿐입니다. 주님은 언제나 한결같습니다. 주님의 햇수에는 끝이 없습니다."(시 102:26~27).

하나님이 영원하시다는 것은 시작도 끝도 없는 긴 시간 동안 하나님이 존재한다는 뜻이 아니라 시간을 초월하신다는 뜻입니다. 그러므로 영이신 하나님을 육체를 가진 인간처럼 생각해서는 안 됩니다. 하나님은 영이시기 때문에 사람의 감각을 통하여 인식할 수 없습니다. 하나님의 영이 우리 안에 들어오셔서 하나님을 볼 수 있는 눈을 열어주셔야 볼 수 있습니다. 육신의 눈으로 하나님을 보는 것이 아니고 영의 눈으로 하나님을 볼 수 있습니다.

"사람 속에 있는 그 사람의 영이 아니고서야, 누가 그 사람의 생각을 알 수 있겠습니까? 이와 같이, 하나님의 영이 아니고서는, 아무도 하나님의 생각을 깨닫지 못합니다. 우리는 세상의 영을 받은 것이 아니라, 하나님에게서 오신 영을 받았습니다. 그것은, 하나님께서 우리에게 은혜로 주신 선물들을 우리로 하여금 깨달아 알게 하시려는 것입니다."(고린도전서 2:11~12)

종이에 글씨가 쓰여 있지만 그 글을 아는 사람만이 그 뜻을 알 수 있습니다. 문자를 볼 수 있는 눈이 있어야 볼 수 있습니다. 북극에는 눈이 많이 옵니다. 그곳에 사는 에스키모인들은 보통 사람들이 보면 똑같은 눈인데 그들은 눈의 종류를 여러 가지로 분류하고 이름이 따로 있다고 합니다. 그들은 눈을 더 자세하게 볼 수 있는 눈을 가지고 있습니다. 이와같이 하나님은 영의 눈이 있어야 볼 수 있습니다. 하나님의 영이신 성령님이 오시면 하나님을 볼 수 있게 됩니다. 그런데 많은 사람들은 육신의 눈에 하나님이 보이지 않기 때문에 그 분이 계시지 않는다고 말합니다. 성경은 이런 사람들을 어리석은 자들이라고 합니다.

"어리석은 자는 그의 마음에 이르기를 하나님이 없다 하는도다 그들은 부패하고 그 행실이 가증하니 선을 행하는 자가 없도다."(시편 14:1)

자신의 눈이 어두워서 보지 못한 것을 모르고 하나님이 없다고 말하기 때문입니다. 저자는 2024년 1월1일 해돋이를 보려고 강원도 속초 대포항을 찾았습니다. 많은 사람들이 새해 첫날 떠오르는 태양을 보기 위해서 방파제에서 해가 떠오르는 방향의 먼 바다를 바라보았습니다. 하지만 그 날 구름이 많이 끼고 날씨가 흐려서 떠오르는 해는 끝내 보지 못하고 모두들 아쉬운 표정으로 돌아섰습니다. 그러나 그 날도 해는 떠 올랐습니다. 구름에 가려서 사람의 눈에 보이지 않았을 뿐입니다.

심지어 해는 밤에도 내가 사는 곳 반대쪽에 떠 있습니다. 세상에는 보이지 않지만 존재하는 것들이 많이 있습니다. 공기가 보이지 않지만 존재합니다. 어디서든지 라디오를 켜면 소리가 납니다. 눈에 보이지 않지만 라디오 방송국에서 보낸 전파가 있기 때문입니다.

둘째 하나님은 인격적이십니다.

하나님은 천지와 만물을 창조하신 모든 것을 아시고 무엇이든지 할 수 있는 능력이 있습니다. 그러나 단순히 하나님은 능력만 있는 분이 아니십니다. 하나님은 무한한 힘을 가진 에너지거나 과거와 현재 미래의 모든 지식을 저장하고 있는 컴퓨터가 아닙니다. 하나님은 인격체이시고 인격적입니다. 인격적이라는 것은 대화할 수 있고, 사랑할 수 있고, 생각할 수 있는 분이라는 뜻입니다. 기쁨과 즐거움과 분노를 아는 분이라는 뜻입니다. 하나님은 모든 것을 알고 계시고 무엇이든지 하실 수 있는 전지전능(全知全能)하신 하나님이십니다. 전지전능하신 하나님을 강조하다 보면 하나님이 인격을 지니셨다는 사실을 잊어버리기 쉽습니다. 하나님을 마술적인 힘을 지닌 동화책에 나온 요술램프로 생각하기 쉽습니다. 하지만 하나님은 전지전능한 힘을 가지셨지만 사람과 대화하시고 사람과 교제하시는 인격을 가지셨습니다.

컴퓨터는 많은 지적인 정보를 가졌지만 그것은 인격체는 아닙니다. 컴퓨터는 누구와 대화할 수 없고 누구도 사랑할 수 없습니다. 하나님은 모든 것을 알고 계시지만 컴퓨터처럼 인격이 없는 분이 아닙니다. 하나님은 우리와 대화하시고 사랑하실 수 있습니다. 전기나 폭탄은 큰 힘을 지녔지만 인격체는 아닙니다. 하나님은 무엇이든지 하실 수 있는 능력이 있지만 그 분은 인격체이십니다. 하나님은 도덕적이며, 지적이며 감정을 가지셨습니다. 예수님은 하나님이 누구신가를 가장 잘 알려주신 분이신입니다. 예수님은 하나님의 보여달라는 빌립의 요청을 받고 이렇게 대답하셨습니다.

"예수께서 대답하셨다. 빌립아, 내가 이렇게 오랫동안 너희와 함께 지냈는데도, 너는 나를 알지 못하느냐? 나를 본 사람은 아버지를 보았다. 그런데 네가 어찌하여 '우리에게 아버지를 보여 주십시오' 하고 말하느냐?"(요한복음 14:9).

예수님이 보여 주신 모든 것이 하나님의 특징입니다. 예수님은 감정이 있어서 슬퍼하시기도 하시고 기뻐하시기도 하셨습니다. 그리고 선택과 결정을 하시는 분이십니다. 하나님은 지·정·의를 갖추셨습니다. 인격적이시기 때문에 하나님은 우리와 인격적인 교제를 하십니다. 그 분은 말씀하시고 우리의 말에 귀를 기울이십니다. 그러므로 신앙생활은 하나님과 인격적인 교제를 하는 것입니다. 하나님은 사람과 사귐을 나누시기 위해서 인간을 부르셨습니다.

"하나님은 신실하신 분이십니다. 하나님께서는 여러분을 부르셔서 그 아들 우리 주 예수 그리스도와 친교를 가지게 하여 주셨습니다."(고전 1:9).

하나님이 인간과 다른 점

하나님은 인간과 같이 인격을 가지셨습니다. 그러나 하나님은 인간과 같은 분은 아니십니다. 하나님이 인간과 같다면 우리는 하나님을 섬기거나 예배할 필요가 없습니다. 하나님은 다음 세 가지 점에서 인간과 다릅니다. 이 세 가지는 하나님만 가지고 있고 인간에게는 없는 것입니다.

첫째, 하나님은 아무것도 의지하지 않으십니다.

세상에 모든 것들은 누군가를 의지해야 합니다. 우상과 하나님이 차이가 무엇입니까? 하나님은 아무에게도 의지하지 않습니다. 그러나 우상은 사람에게 의지합니다. 이방인들이 섬기는 우상들은 사람의 도움이 필요합니다. 사람이 만들고 세우고 흔들리지 않도록 고정시키고 보호해야 합니다.

"우상이란 대장장이가 부어 만들고, 도금장이가 금으로 입히고, 은사슬을 만들어 걸친 것이다. 금이나 은을 구할 형편이 못되는 사람은 썩지 않는 나무를 골라서 구하여 놓고, 넘어지지 않을 우상을 만들려고 숙련된 기술자를 찾는다."(이사야 40:19~20)

그러나 하나님은 아무도 의지하지 않습니다. 다른 종교의 창시자인 부처님이나 마호메트나 공자님은 다른 사람들의 도움을 받아서 신의 반열에 올랐습니다. 그 사람들은 정직하기 때문에 자신들이 신이 아닌 것을 알았습니다. 그래서 그들은 자신을 신이라고 말한 적이 없습니다. 그런데 부처나 마호메트, 공자를 추종하는 사람들이 그들을 신으로 만들어 주었습니다. 사람들이 신격화시켰습니다. 사람들의 도움으로 신이 되었습니다.

세상에 임금들은 나라를 다스릴 때에 자신의 힘만으로 다스릴 수 없습니다. 많은 사람들의 도움을 받습니다. 중요한 정책을 결정할 때에는 많은 학자들의 도움이 필요합니다. 나라의 영토를 지키기 위해서는 많은 군대와 그들을 지휘할 장군들의 도움이 필요합니다. 현대의 대통령도 혼자서는 나라를 통치할 수 없습니다. 청와대에 매일 출근해서 대통령을 돕는 사람들만도 수백 명에 이릅니다.

세상에 아무 도움도 받지 않고 홀로 설 수 있는 사람은 아무도 없습니다. 그러나 하나님은 누구의 어떤 도움도 필요하지 않습니다. 하나님은 아무도 의지하지 않고 온 우주를 다스리십니다. 하나님은 그 분의 계획을 세우시고 그 계획을 실행하시는데 인간의 도움이 필요하시지 않습니다.

둘째, 하나님은 변하지 않습니다.

성경은 하나님은 변하지 않는 분이라고 말씀합니다.

"온갖 좋은 선물과 모든 완전한 은사는 위에서, 곧 빛들을 지으신 아버지께로부터 내려옵니다. 아버지께는 이러저러한 변함이나 회전하는 그림자가 없으십니다."(야고보서 1:17).

변한다는 것은 더 좋아졌든지 나빠졌든지 했다는 뜻입니다. 하나님이 변해서 과거보다 현재나 미래에 더 좋아질 수 있다면 그 이전에 하나님이 완전하지 못하다는 뜻입니다. 더 나빠졌다면 하나님이 그 분의 완전함을 유지하지 못했다는 뜻입니다. 하나님이 변하면 그는 완전한 분이 아니기 때문에 의지할 수 없습니다. 그러나 하나님은 변함이 없습니다. 그림자는 태양의 위치에 따라서 변합니다. 하지만 태양은 변하지 않습니다. 그림자가 변하는 것을 보고 태양이 변한다고 생각한 사람들은 어리석은 사람들입니다. 세상에 모든 것이 변한다고 해서 하나님이 변한다고 생각한 것은 어리석은 일입니다.

셋째, 하나님은 한계가 없습니다.

하나님은 세상의 모든 것을 창조하시고 다스리시는 능력이 있습니다. 그 지식과 힘에 한계가 없습니다. 잠수함이 처음 만들어졌을 때에는 물속으로 몇십 미터밖에 들어갈 수 없었습니다. 자꾸 그 한계를 극복해서 몇백 미터 몇천 미터 깊은 물속으로 들어갈 수 있습니다. 그러나 지금도 여전히 가장 깊은 바다 밑에는 들어가지 못합니다. 최고의 기술을 자랑하는 선진국 미국에서 타이타닉호 관광잠수함을 만들었는데 깊은 물 속에서 폭발하여 탐승자 전원이 죽고 시체도 찾지 못했습니다.

비행기는 이미 소리의 속도를 넘어섰습니다. 그러나 그 속도를 끝없이 높일 수는 없습니다. 아무리 속도를 빠르게 해도 한계는 있습니다. 인간은 아무리 노력해도 한계가 있기 마련입니다.

18세기에 세계인의 평균수명은 40세였다고 합니다. 그러나 2023년에 우리나라 사람들의 평균수명은 83.6세입니다. 두 배로 수명을 늘렸습니다. 과학과 의술이 발달하면 평균수명이 더 늘어날 것입니다. 하지만 사람이 죽는 것을 막지는 못합니다. 인간의 지혜와 능력은 한계가 있습니다.

그러나 하나님은 한계가 없습니다. 하나님의 지식과 능력은 한계가 없습니다. 하나님은 모든 일을 완전하게 알고 계십니다. 시작과 끝을 알고 계십니다. 하나님은 능력에 있어서 한계가 없습니다. 하나님은 하시고자 하신 일은 모두 할 수 있습니다. 세상에 하나님이 하시는 일을 방해할 수 있는 것은 아무것도 없습니다.

"너는 알지 못하였느냐 듣지 못하였느냐 영원하신 하나님 여호와, 땅 끝까지 창조하신 이는 피곤하지 않으시며 곤비하지 않으시며 명철이 한이 없으시며 피곤한 자에게는 능력을 주시며 무능한 자에게는 힘을 더하시나니"(이사야 40:28~29).

하나님이 인간보다 뛰어난 점

앞에서 하나님이 인간과 다른 점을 설명했습니다. 누군가 무엇인가를 의지하지 않고 살 수 없는 인간과 달리 하나님은 아무도, 아무것도 의지하지 않습니다. 세상의 모든 것은 변하지만 하나님은 변하지 않습니다. 하나님은 지식과 능력에 있어서 한계가 없습니다. 이 세 가지는 사람에게는 없고 하나님만 가지고 있는 특성입니다.

하지만 하나님의 속성 중에 인간도 일부 가지고 있는 속성이 있습니다. 이 말을 어려운 말로 하나님의 공유적인 속성이라고 합니다. 하나님과 인간이 같이 가지고 있는 속성이라는 뜻입니다. 하나님은 자신의 특성의 일부를 인간에게도 주었습니다. 성경은 하나님이 사람을 창조하실 때에 하나님의 형상대로 창조하셨다고 말씀합니다.

"하나님이 당신의 형상대로 사람을 창조하셨으니, 곧 하나님의 형상대로 사람을 창조하셨다. 하나님이 그들을 남자와 여자로 창조하셨다."(창세기 1:27).

사람은 하나님의 형상대로 창조되었기 때문에 하나님이 가진 속성을 가지고 있습니다. 하지만 사람이 비록 하나님의 형상을 지녔어도 하나님의 것과는 유사성은 있지만 본질이 다릅니다.

하나님은 인간과 같은 점이 있습니다. 인간도 지혜와 지식, 선한 마음, 사랑, 의로움, 거룩함, 자비, 긍휼, 권세를 가지고 있습니다. 하지만 하나님이 가지고 계신 것은 인간이 가지고 있는 것과 다릅니다. 하나님은 본체를 가지고 계시고 인간은 그 형상이나 그림자를 가지고 있습니다. 사람도 하나님이 가지고 계시는 지혜, 지식, 선한 마음, 의로움, 거룩함, 자비, 긍휼, 권세를 가지고 있습니다. 그러나 하나님이 가지고 계신 것과 본질적으로 다르다는 말씀입니다. 그러므로 인간이 아무리 뛰어나도 하나님과 비교할 수 없습니다. 그러므로 하나님 앞에서 인간은 항상 겸손해야 합니다.

하나님은 삼위일체로 존재하십니다.

성경에 가르쳐주신 하나님의 가장 특징적인 것은 하나님이 삼위일체로 존재한다는 것입니다. 성경을 읽다 보면 하나님, 예수님, 성령님이라는 말이 나옵니다. 세 명의 하나님이 계신 것 같은 생각이

듭니다. 그러나 성경은 하나님은 한 분이시라고 말씀합니다. 하나님은 한 분이신데 성경에 보면 하나님이 세 분 계신 것으로 오해할 수 있는 여지가 있기 때문에 하나님이 한 분이신 것을 강조하기 위해서 삼위일체 교리를 만들어 냈습니다. 사실은 삼위일체 교리도 하나님을 완전하게 설명할 수 없습니다. 논리적으로는 맞지 않습니다. 하지만 인간이 할 수 있는 최선의 방법으로 하나님을 설명한 것이 삼위일체 교리입니다. 그러므로 이 교리를 이해하는 것도 성령님이 도와주셔야 이해할 수 있습니다. 삼위일체는 하나님의 신비한 존재방식입니다. 그러므로 인간의 언어와 논리로 설명하는 것은 한계가 있습니다. 이 교리는 아직까지는 하나님을 설명하는 데 가장 유용한 방법이지만 하나님을 완전하게 설명할 수 없다는 것을 기억해야 합니다.

삼위일체의 뜻은 한 분 하나님 안에 세 위격 즉 성부 하나님, 성자 예수님, 성부 하나님과 성자 예수님에게서 나온 성령님 세 위격이 계신다는 뜻입니다. 한 개의 인격체 안에 세 개의 위격이 있다는 말씀입니다. 이것은 하나님의 신비한 존재 방식으로 인간의 이성으로 이해하는 것이 아니고 믿음으로 받아들이는 것입니다. 우리가 어렸을 때에 쇠로 만들어진 배가 왜 물에 뜨는 지 공기보다 무거운 비행기가 어떻게 하늘을 날 수 있는지 원리를 이해할 수 없었습니다. 그러나 우리는 현상을 보고 그 사실을 인정합니다. 무거운 쇠로 만든 배가 왜 물에 뜨고 쇠로 만든 비행기가 어떻게 하늘을 나는지 이해는 되지 않아도 그 현상을 보고 사실을 믿습니다. 쇠도 바다에 뜰

수 있고 쇠도 하늘을 날을 수 있다는 것을 현상학적으로 할 수 있습니다. 삼위의 하나님도 원리는 이해할 수 없습니다. 하지만 삼위로 계신 하나님의 존재를 경험하고 있습니다. 세 위격을 가진 하나님이 어떻게 한 분이신지 그 원리를 이해하는 것은 불가능합니다. 그러나 성경에 하나님을 그렇게 설명하기 때문에 받아들이는 것입니다.

하나님은 성부 성자 성령 삼위의 하나님이 한 분 하나님으로 존재하십니다. 성부 하나님 안에 성자 하나님과 성령 하나님이 계시고 성자 하나님 안에 성부 하나님과 성령 하나님이 계시고 성령 하나님 안에 성부 하나님과 성자 하나님이 계십니다.

천지를 창조하시고 인간을 구원하실 때에 삼위의 하나님이 함께 일하셨습니다. 하나님이 인간을 구원하실 때에 성부 하나님은 세상을 구원하시고자 하시는 계획을 세우셨고, 성자 하나님이신 예수님은 그 계획을 실천하셨고, 성령 하나님은 그 계획을 적용하셨습니다. 그러나 각자의 일을 따로 하신 것은 아닙니다. 성부 하나님이 계획을 세우실 때에 성자 예수님과 성령 하나님이 동참하셨고, 예수님이 인간 구원을 실행하시기 위하여 십자가 지실 때에 성부 하나님과 성령 하나님도 함께 고통당하셨습니다. 성령님이 구원을 우리에게 적용하여서 믿게 하실 때에 역시 성부 하나님과 성자 예수님이 함께 하셨습니다.

기도

삼위일체로 계신 하나님 아버지 천지를 창조하시고 만물을 다스리시는 하나님을 알게 하옵소서. 아무것도 의지하지 않고 홀로 설 수 있는 하나님만 의지하게 하옵소서. 오늘도 인격적으로 우리와 대화하시기 원하시는 하나님, 늘 하나님과 인격적으로 교제하는 삶을 살게 하옵소서.

쉬어 가는 코너

하나님의 손가락

마 문 철

갈대아 우르 지역에 유명한 우상제조회사 사장 데라의
둘째 아들 아브라함은 아버지의 솜씨를 이어 받은 명장이었다.
아브라함은 우상의 손가락을 사실적이고 역동적으로 잘 표현하여
손가락이 살아 움직여 바느질도 할 수 있을 것 같이 보였다.
어느 날 아브라함은 우상을 제조하다가 나뭇가시에 손가락이 찔려
상처에 붕대를 감고 치료를 기다리는 동안 쉬게 되어
답답한 마음에 밖에 나와서 하늘을 보았다.
하늘에는 보석처럼 촘촘히 박힌 별들이 장관을 이루고 있었다.
아브라함은 깊은 한숨을 쉬면서
"살아 있는 내가 손가락을 다쳐 아무것도 못 하는 데
저 죽은 나무로 만든 우상의 손가락으로 무엇을 할 수 있단 말인가?
나는 나를 만드신 손가락을 가진 진짜 신을 만나고 싶다." 말했다.

그 때 아브라함은 별들 사이에서 들려오는 한 음성을 들었다.

"아브라함아 저 별을 만든 손을 가진 신이 바로 나 여호와 하나님이니라. 이제 아무것도 할 수 없는 우상을 만들어 파는 것을 그만두고 나를 따르라."

깜짝 놀란 아브람 "네 누구시라고요"

"너와 하늘에 별과 태양을 창조한 여호와 하나님이이니라."

하나님의 음성을 들은 아브라함은 우상 창고에 있는 우상을 부셨고

이 사실을 안 데라는 화가 잔뜩 나서 "누가 이런 짓을 했느냐" 분노한다.

아브라함은 아버지 데라에게 어젯밤 하나님 만난 이야기를 했다.

아브라함의 고백을 들은 후에 데라는 말했다. "내가 어렸을 때 너희 증조부에게 천지를 창조하신 신이 '여호와'라는 말을 들었다."

다음날 아브라함은 고향과 친척을 떠나라는 여호와 하나님의 음성을 듣고 잘 나가는 우상 공장 문을 닫고 궁전 같은 집을 버려두고

세상 모든 것을 창조한 손가락을 가지신 분을 따라 길을 떠났다.

이후로 아브라함은 답답해 할 때면 하나님은 늘 '하늘의 별을 보라' 고 말씀하셨다.

아브라함의 신앙을 이어받은 15대손 다윗은 아브라함이 보고 하나님을 만난 바로 그 별을 보면서 "주의 손가락으로 만드신 주의 하늘과 주께서 베풀어 두신 달과 별들을 내가 보오니 사람이 무엇이기에 주께서 그를 생각하시며 인자가 무엇이기에 주께서 그를 돌보시나이까 그를

하나님보다 조금 못하게 하시고 영화와 존귀로 관을 씌우셨나이다” 노래했다.

세상은
어떻게
생겨났는가?

제5장. 세상은 어떻게 생겨났는가?

* 외울 말씀 / 느헤미야 9:6
오직 주는 여호와시라 하늘과 하늘들의 하늘과 일월 성신과 땅과 땅 위의 만물
과 바다와 그 가운데 모든 것을 지으시고 다 보존하시오니 모든 천군이 주께 경
배하나이다.

과학과 기술이 발달 되어서 전에 모르던 수많은 것을 알게 되었
습니다. 이제 인간의 육체의 비밀을 깨달아서 복제 인간을 만들 만
큼 인간에 대해서 많이 알고 있습니다. 그러나 과학자들도 여전히
이 세상이 어떻게 생겨났는지에 대한 질문에 모두가 공감하는 정답
을 내놓지 못하고 있습니다. 인류가 시작된 이래로 수많은 사람들이
이 질문을 품었고 여러 가지 대답이 나왔지만 시원한 대답은 찾지
못했습니다.

우주의 기원에 대한 가장 설득력 있는 이론은 대폭발(Bigbang)이
론입니다. 대폭발이론이란 우주가 어떤 한 점에서부터 탄생한 후 지
금까지 팽창하여 오늘의 우주에 이르렀다는 이론으로, 현재 우주는
팽창하고 있으며 과거에는 물질과 에너지의 밀도가 높아 불덩어리

였고, 그보다 더 이전에는 대폭발이 일어나 현재의 팽창을 시작하였다는 이론입니다. 간단히 말해서, 우주가 '폭발'에 의해 만들어졌다는 것입니다. 인간의 탄생은 아메바와 같은 작은 것에서 점점 진화되었다는 이론입니다. 이 이론들은 우주와 인간의 탄생에 대해서 현재까지 가장 설득력을 얻고 있는 이론입니다. 하지만 유명한 과학자들이 그렇다고 하니까 그렇다고 인정한 것이지 백 퍼센트 확실하다는 증거는 대지 못했습니다.

그러나 한 군데서는 거침없이 우주와의 탄생과 인간의 근원에 대해서 시원하게 대답합니다. 바로 **성경**책입니다. 성경은 하나님께서 세상을 창조하셨다고 말씀합니다. 하늘과 땅과 바다와 그 가운데 존재하는 모든 것은 하나님이 창조하셨다고 말씀합니다. 사람들도 새로운 것을 만들 수 있습니다. 전에 존재하지 않던 것들을 만들 수 있습니다. 비행기나 핸드폰 같은 것은 전에는 존재하지 않았는데 사람들이 연구해서 만들었습니다. 그러나 하나님의 창조는 사람들이 새로운 것을 만들어낸 것과는 차이가 있습니다. 사람들은 이미 있는 재료를 이용해서 새로운 제품을 만듭니다. 하늘을 나는 비행기나 우주선은 이미 있는 자연의 법칙과 물질을 이용해서 만들었습니다. 그러나 하나님은 아무것도 없는 가운데서 세상을 창조하셨습니다. 아무것도 없는 가운데서 말씀으로 창조하셨습니다. 이것은 하나님이 세상을 창조할 때에 인간처럼 정신적인 고통이나 육체적인 고통을 겪지 않고 창조하셨다는 뜻입니다.

창조의 과정

구약성경 창세기에 보면 하나님께서는 6일 동안 세상을 창조하셨습니다.(창 1:1~31)

첫째 날에는 빛이 창조되었고 빛과 어두움이 구분됨으로써 낮과 밤이 나뉘게 되었습니다.

"하나님이 말씀하시기를 '빛이 생겨라' 하시니, 빛이 생겼다.

그 빛이 하나님 보시기에 좋았다. 하나님이 빛과 어둠을 나누셔서, 빛을 낮이라고 하시고, 어둠을 밤이라고 하셨다. 저녁이 되고 아침이 되니, 하루가 지났다."(창 1:3~5)

이것은 넷째 날 만드신 해와 달과 별들과 다른 빛입니다. 해와 달과 별에게 빛을 제공하는 빛의 근원이 창조된 것입니다. 첫째 날 창조된 빛은 넷째 날 창조된 해와, 달, 별들에게 빛을 주었습니다. 해와 달과 별은 첫날 창조한 빛을 전달하는 매체입니다.

둘째 날에 하신 일은 구분하는 일이었습니다. 윗물과 아랫물, 즉 구름과 바다가 구분됨으로써 궁창이 자리를 잡습니다. 궁창을 하늘이라고 부릅니다.

"하나님이 말씀하시기를 '물 한가운데 창공이 생겨, 물과 물 사이가 갈라져라' 하셨다. 하나님이 이처럼 창공을 만드시고서, 물을 창공 아래에 있는 물과 창공 위에 있는 물로 나누시니, 그대로 되었다.

하나님이 창공을 하늘이라고 하셨다. 저녁이 되고 아침이 되니,

이튿날이 지났다."(창 1:6~8)

히브리적인 우주관에 의하면, 세상은 하늘과 땅과 바다(또는 지하의 물)의 3요소로 이루어져 있고 궁창은 하늘과 동일시 됩니다.

셋째 날에는 바다와 마른 땅을 구분하시고, 육지에 식물을 창조하셨습니다. 식물들과 채소와 열매 맺는 나무를 창조하셨습니다.

"하나님이 말씀하시기를 '하늘 아래에 있는 물은 한 곳으로 모이고, 뭍은 드러나거라' 하시니, 그대로 되었다. 하나님이 뭍을 땅이라고 하시고, 모인 물을 바다라고 하셨다. 하나님 보시기에 좋았다. 하나님이 말씀하시기를 '땅은 푸른 움을 돋아나게 하여라. 씨를 맺는 식물과 씨 있는 열매를 맺는 나무가 그 종류대로 땅 위에서 돋아나게 하여라' 하시니, 그대로 되었다. 땅은 푸른 움을 돋아나게 하고, 씨를 맺는 식물을 그 종류대로 나게 하고, 씨 있는 열매를 맺는 나무를 그 종류대로 돋아나게 하였다. 하나님 보시기에 좋았다. 저녁이 되고 아침이 되니, 사흗날이 지났다."(창 1:9~13)

땅에 있는 물을 분리하여 뭍과 바다를 만드시고, 육지 즉 뭍이라 부르는 대지를 풀과 채소와 열매 맺는 나무로 채웠습니다.

넷째 날에는 빛을 발하는 해와 달과 별들을 창조하셨습니다.

"하나님이 말씀하시기를 '하늘 창공에 빛나는 것들이 생겨서, 낮과 밤을 가르고, 계절과 날과 해를 나타내는 표가 되어라. 또 하늘 창공에 있는 빛나는 것들은 땅을 환히 비추어라' 하시니, 그대로 되었다. 하나님이 두 큰 빛을 만드시고, 둘 가운데서 큰 빛으로는 낮을 다스리게 하시고, 작은 빛으로는 밤을 다스리게 하셨다. 또 별들도 만드셨다. 하나님이 빛나는 것들을 하늘 창공에 두시고 땅을 비추게 하시고, 낮과 밤을 다스리게 하시며, 빛과 어둠을 가르게 하셨다. 하나님 보시기에 좋았다. 저녁이 되고 아침이 되니, 나흘날이 지났다."(창 1:14~19)

넷째 날은 둘째 날 창조하신 창공을 채웠습니다. 창공을 해와 달과 별들로 채웠습니다. 현대 천문학자들은 하늘에 은하수를 비롯한 별들의 숫자가 땅에 모래알 숫자보다 많다고 말합니다. 그리고 해를 큰 빛, 달을 작은 빛이라고 표현한 것은 성경이 기록될 당시에 해와 달을 많은 사람들이 신으로 섬겼기 때문에 해와 달이 신이 아니고 하나님의 피조물인 것을 강조하기 위함입니다.

다섯째 날에는 바다와 공중에 나는 동물들을 창조하셨습니다. 하늘과 바다를 채우셨습니다.

"하나님이 말씀하시기를 '물은 생물을 번성하게 하고, 새들은 땅위 하늘 창공으로 날아다녀라' 하셨다. 하나님이 커다란 바다 짐승들과 물에서 번성하는 움직이는 모든 생물을 그 종류대로 창조하시고, 날개 달린 모든 새를 그 종류대로 창조하셨다. 하나님 보시기에 좋았다. 하나님이 이것들에게 복을 베푸시면서 말씀하시기를 '생육하고 번성하여 여러 바닷물에 충만하여라. 새들도 땅 위에서 번성하여라' 하셨다. 저녁이 되고 아침이 되니, 닷샛날이 지났다."(창 1:20~23)

여섯째 날은 땅을 채우시기 위하여 생물들을 창조하셨습니다. 다섯째 날 하늘과 바다를 채우셨고 여섯째 날은 땅을 채우셨습니다. 땅에서 사는 각종 곤충들과 동물들을 창조하셨습니다. 그리고 이날 하나님의 형상을 닮은 인간을 창조하셨습니다. 인간은 하나님의 형상대로 창조하셨습니다. 그리고 하나님이 창조하신 만물을 다스리는 권세를 주었습니다.

"하나님이 말씀하시기를 '땅은 생물을 그 종류대로 내어라. 집짐승과 기어다니는 것과 들짐승을 그 종류대로 내어라' 하시니, 그대로 되었다. 하나님이 들짐승을 그 종류대로, 집짐승도 그 종류대로, 들에 사는 모든 길짐승도 그 종류대로 만드셨다. 하나님 보시기에 좋았다. 하나님이 말씀하시기를 '우리가 우리의 형상을 따라서, 우리의 모양대로 사람을 만들자. 그리고 그가, 바다의 고기와 공중의 새와 땅 위에 사는 온갖 들짐승과 땅 위를 기어다니는 모든 길짐승을 다스리게 하자' 하시고, 하나님이 당신의 형상대로 사람을 창조하셨으니, 곧 하나님의 형상대로 사람을 창조하셨다. 하나님이 그들을 남자와 여자로 창조하셨다. 하나님이 그들에게 복을 베푸셨다. 하나님이 그들에게 말씀하시기를 '생육하고 번성하여 땅에 충만하여라. 땅을 정복하여라. 바다의 고기와 공중의 새와 땅 위에서 살아 움직이는 모든 생물을 다스려라' 하셨다. 하나님이 말씀하시기를 '내가 온 땅 위에 있는 씨 맺는 모든 채소와 씨 있는 열매를 맺는 모든 나무를 너희에게 준다. 이것들이 너희의 먹거리가 될 것이다.

또 땅의 모든 짐승과 공중의 모든 새와 땅 위에 사는 모든 것, 곧 생명을 지닌 모든 것에게도 모든 푸른 풀을 먹거리로 준다' 하시니, 그대로 되었다. 하나님이 손수 만드신 모든 것을 보시니, 보시기에 참 좋았다. 저녁이 되고 아침이 되니, 엿샛날이 지났다."(창 1:24~31)

진화론과 창조

성경에 나온 창조 이야기는 요즘 과학에서 말하는 진화론과 다릅니다. 진화론은 세상의 모든 만물이 무기물에서 유기물이 발생하고 그 유기물 중에 저급한 것에서 고등한 것으로 발전되었다고 주장합니다. 아메바에서 점점 진화해서 원숭이를 거쳐서 사람이 되었다고 합니다. 이러한 증거를 뒷받침하는 여러 가지 증거가 있는 것은 사실입니다. 그러나 진화론이 과학적으로 증명된 것은 아닙니다. 그럴 가능성이 있다는 것을 주장하지만 진화론이 사실이라는 것을 증명해 내지 못했습니다. 그리고 아직까지 종이 바뀐 것을 인간이 경험하지 못했습니다. 병아리가 진화해서 강아지가 되고 원숭이가 진화해서 사람이 된 것을 본 적이 없습니다. 이론으로는 가능하지만 실제로 종이 변하는 일은 역사 이래 일어난 적이 없고 과거에 일어났다는 것을 아무도 증명해 내지 못했습니다.

창조와 섭리

성경 외에 다른 종교 경전이나 영웅담이나 전설에도 신이 천지를 창조했다는 이야기는 있습니다. 하지만 성경이 그런 이야기들과 다른 점은 성경은 창조한 세상을 하나님이 계속 돌보신다는 것입니다. 하나님은 세상을 창조하신 후에 내버려 두시거나 창조하신 후에는 자동적으로 움직이도록 시스템을 만들지 않았습니다. 하나님이 세상을 창조하신 다음에 그 창조물을 다스리고 계십니다. 시계가 만들어진 다음에는 시계를 만든 사람의 손에 벗어나서 자체의 기능으로 움직입니다. 이 세상도 그렇게 자체 시스템으로 움직인다고 주장하는 사람들이 있습니다. 그들을 이신론자(理神論者)라고 합니다. 그러나 성경은 하나님이 창조한 모든 만물들을 관리하고 통제하고 계시고 만물이 움직이는 그 원리들을 다스리고 계신다고 말씀합니다.

하나님은 모든 자연의 원리를 다스리고 있습니다. 아침에 해가 뜨고, 저녁에 해가 지고, 물이 아래로 흐르고, 연기는 위로 올라가는 법칙이 깨어지지 않도록 하나님이 그 질서가 작동하도록 일하고 계십니다. 하늘에는 바닷가에 모래처럼 많은 별들이 있습니다. 그 많은 별들이 충돌하지 않고 제 위치를 지킨 것은 하나님께서 별들이 움직이게 하는 원리를 다스리고 계시기 때문입니다. 그리고 세상에 일어나는 모든 사건 하나하나를 하나님이 일어나게 하시고 소멸하게 하십니다. 세상에 모든 것은 하나님의 손에 있습니다. 이것을 하나님의 섭리라고 말합니다.

"그는 하나님의 영광의 광채시요, 하나님의 본체대로의 모습이십니다. 그는 자기의 능력 있는 말씀으로 만물을 보존하시는 분이십니다. 그는 죄를 깨끗하게 하시고서 높은 곳에 계신 존엄하신 분의 오른쪽에 앉으셨습니다."(히브리서 1:3).

세상에 결코 우연이란 없습니다. 모든 일은 하나님의 뜻에 의해서 이루어집니다. 세상에 악한 일도 하나님이 직접 행하시지는 않지만 하나님이 허락하시기 때문에 일어납니다. 하나님은 선하시기 때문에 악을 행하시지 않지만 하나님의 계획을 이루시기 위하여 사단이 악을 행하도록 허락하십니다. 구약성경 욥기서를 보면 하나님이 욥에게 사단이 재앙을 내리는 것을 허락합니다. 하나님이 허락하신 것 만큼만 재앙을 내릴 수 있습니다. 하나님의 창조를 믿는 사람들은 지금도 하나님의 창조 세계 안에서 일어난 모든 일을 하나님이 허락하신 일이거나 행하신 일이라는 것을 기억해야 합니다.

영의 세계의 창조

하나님은 눈에 보이는 모든 물질세계를 창조하실 뿐 아니라 영적인 존재들도 창조하셨습니다. 영적인 존재 중에는 천사들이 있습니다. 천사들은 영적인 존재입니다. 결혼도 하지 않고 눈에 보이지도 않습니다. 제한된 장소에 많은 수가 함께 존재할 수 있습니다. 하나님은 천사들을 창조하셨습니다. 성경에는 천사들에 대한 많은 이야기가 기록되어 있습니다. 천사들은 인격을 갖추고 있으며 도덕적인 속성을 가지고 있습니다. 천사들은 여러 가지 칭호가 있습니다.

이 천사들 가운데 한 천사가 타락해서 사단이 되었습니다. 타락한 천사들 중에 대장을 사단이라고 부르고 그가 부리는 부하인 악한 천사들을 마귀라고 부릅니다. 악한 천사들은 초인적인 힘을 가지고 있지만, 이 힘을 악한데 사용합니다. 하나님과 하나님의 아들이신 예수님을 대적하고 하나님을 믿는 사람들이 하나님을 믿지 못하게 방해하고 있습니다. 그러나 이들은 하나님의 허락하신 범위 안에서만 활동하고 있고 멸망 받을 날들이 정해져 있습니다. 그들이 강한 힘을 가졌지만 하나님의 피조물들이고 하나님의 통제를 받습니다.

기도

아무것도 없는 데서 하늘과 땅과 그 가운데 있는 것들을 창조하신 하나님 아버지, 하나님은 창조자이시고 나는 피조물이라는 사실을 인정하고 겸손하게 살게 하옵소서. 환경을 바라보지 않고 모든 환경을 조성하시고 다스리시는 하나님을 바라보게 하옵소서. 예수님을 죽은 자 가운데서 살리신 창조의 능력으로 연약한 나를 도와주옵소서. 그 능력으로 나도 죽은 후에 하나님이 다시 살리실 것을 믿는 믿음을 주옵소서.

복구프로그램

마 문 철

하나님께서 아담과 하와를 창조하시고 에덴동산에 두시고
나머지 모든 피조물의 지배권을 주셨는데
이 부부는 피조물들에게 이름을 짓는 일로 지배권을 행사했다.
영적 존재 중에 최고의 작품으로 피조 된 '사단'이란 천사는
피조물의 지배권을 인간에게 넘겨주신 하나님께 불만이 많아
하나님께 복수할 기회를 엿보고 있었다.
어느 날 과학전문 천사들이 모여서
하나님의 최고의 작품에 대한 품평회를 열어
많은 토론이 오간 후에 다음과 같은 결론을 내렸다.

이 작품은 하나님의 형상대로 창조된 피조물로
모든 피조물들 중에 최고의 작품이지만

5분만 호흡을 못해도 모든 기능이 멈추게 되는
안전성에 치명적인 약점이 있다.

사단은 과학자들이 찾아낸 인간의 약점인 죽음을 주목하고
죽음을 이용하여 피조물의 지배권을 빼앗을 방법을 찾았고
사단은 인간의 약점을 잘 이용해서 에덴동산에서
인간을 내쫓고 피조물의 지배권을 얻고
이를 이용하여 많은 영역들에서 지배권을 넓히자
선한 천사들은 사단의 횡포에 걱정이 많았다.
선한 천사들 중에 몇이 가브리엘 천사에게 찾아가
하나님께서 사단을 활동을 저지해 달라고 청했다.
가브리엘 천사는 "하나님의 지혜를 믿으라.
인간을 만드신 분이 인간의 약점을 극복하시는 방법도 아시겠지
말씀드리지 않아도 숨 쉬지 못하면 죽는
이 약점을 보완할 프로그램을 준비하셨을 것이오"
하지만 수천 년이 지나도 상황이 나아지지 않아서
가브리엘 천사도 걱정이 깊어져 갈 때
하나님이 가브리엘에게
에스겔 선지자의 생각 속에 환상을 넣고 오라고 명령하셨고
이 명령을 실행하는 과정 중에

환상의 내용을 알게 되었다.

마른 뼈들을 향하여 하나님의 말씀을 선포하자

오래전에 전쟁의 패배로 몰살당한 군인들의 뼈들이

스스로 맞춰지고 살과 피부가 붙었고

하나님의 영을 코에 불어 넣자 시체들이 살아나서

함성을 지르며 행진했다.

가리브리엘 천사는 무릎을 치며 말했다.

"사단이 하나님의 지혜를 이기지 못하지.

하나님이 인간을 지으실 때에 숨 쉬지 못하면 죽는

치명적인 약점에 대한 보완책으로

복구와 재부팅 프로그램을 깔아 놓으신 거야!

하나님이 명령하시면 분해된 인간의 모든 분자가 복구되고

코에 생기를 불어 넣으면 재부팅이 되어서 살아나도록 말이지…"

수천 년 후에 가브리엘 천사는

예수님이 십자가에서 죽으신 것을 보고도 걱정하지 않았다.

6

인간이란
무엇인가?

제6장. 인간이란 무엇인가?

* 외울 말씀 / 로마서 3:23
  모든 사람이 죄를 범하였으매 하나님의 영광에 이르지 못하더니

아침에는 네 발로 걷다가 점심에는 두 발로 걷고, 저녁에는 세 발로 걷는 것이 무엇이냐는 수수께끼가 있습니다. 어렸을 때에는 기어다니다가 다 자라면 두발로 걷다가 다시 늙어지면 지팡이를 짚고 다니는 인간을 일컫는 말입니다. 이 땅에 헤아릴 수 없을 만큼 오랜 세월 동안 인간이 살아왔지만 인간은 인간이 무엇인지 정답을 찾지 못했습니다. 파스칼은 "인간은 생각하는 갈대"라고 하였습니다. 갈대처럼 연약하지만 생각할 수 있는 힘을 지녔기 때문입니다. 어떤 사람은 "인간은 사회적 동물"이라고 하였습니다. 다른 동물과 똑같이 먹고 마시고 살다가 죽습니다. 하지만 다른 동물과 달리 사회를 구성하고 살기 때문에 붙여진 이름입니다. 인간에 대한 여러 가지 정의가 인간의 일면을 보여 주기는 하지만 정확한 정의는 아닙니다.

인간이 무엇인가에 대하여 수많은 사람들이 정의를 내렸지만 아직 정답은 못 찾았습니다. 인간이 무엇인가에 대한 가장 정확한 대답은 성경에 있습니다.

인간은 하나님의 형상대로 창조되었습니다.

성경은 인간은 하나님의 형상대로 창조되었다고 말씀합니다.

"하나님이 말씀하시기를 '우리가 우리의 형상을 따라서, 우리의 모양대로 사람을 만들자. 그리고 그가, 바다의 고기와 공중의 새와 땅 위에 사는 온갖 들짐승과 땅 위를 기어다니는 모든 길짐승을 다 스리게 하자' 하시고, 하나님이 당신의 형상대로 사람을 창조하셨으니, 곧 하나님의 형상대로 사람을 창조하셨다. 하나님이 그들을 남자와 여자로 창조하셨다."(창 1:26, 27)

인간은 하나님의 형상대로 창조되었다는 것은 **첫 번째** 의미는 인간은 다른 동물들과 다르다는 것입니다. 인간은 다른 동물과 같은 특성을 지니고 있지만 다른 점이 있습니다. 하나님께서 인간에게는 이성과 도덕성을 주셔서 다른 동물들과 다르게 창조하셨다는 말씀입니다. 인간에게 다른 동물과 달리 이성을 주셔서 사고하고 판단하는 능력을 주셨습니다. 인간에게 의, 선, 공의 같은 도덕적 특성을 주셨습니다. 그래서 인간이 도덕적인 특성을 잃어버리면 짐승보다 못한 존재가 되는 것입니다. 인간은 보이지 않는 가치를 목표로 하고 살 수 있습니다. 즉 양심, 의, 거룩한 삶을 위하여 눈에 보이는 것들을 포기하고 살 수 있습니다. 동물들은 배가 고프면 눈앞에 있는 먹이에 모든 관심이 쏠립니다. 하지만 인간은 선과 의를 위해서 배고픔과 때로는 죽음까지 감수합니다.

인간이 하나님의 형상대로 창조되었다는 **두 번째** 뜻은 하나님이 영이신 것처럼 인간도 영적인 존재로 창조하셨다는 말씀입니다. 인간은 다른 동물들에게는 없는 영이 있습니다. 그래서 동물과 인간은 세상에 사는 동안에도 다르지만 죽은 후에는 완전히 달라집니다. 동물은 죽어서 그 육체가 땅에 묻히면 끝이 나지만 인간에게는 영이 있습니다. 육체가 죽은 이후에 그 영이 하나님 앞에 가서 심판을 받게 됩니다.

"사람이 한 번 죽는 것은 정해진 일이요, 그 뒤에는 심판이 있습니다."(히브리서 9:27)

인간은 신과 동물 사이의 중간자입니다. 신의 말씀을 따라 살면 신같은 존재가 되고 신의 말씀을 떠나 육신의 욕망대로 살면 짐승 같거나 짐승보다 못한 존재가 됩니다. 자신이 하나님의 형상을 닮은 존귀한 존재라는 사실을 잊게 되면 짐승보다 못하게 됩니다.

"사람이 제아무리 위대하다 해도, 죽음을 피할 수는 없으니, 미련한 짐승과 같다."(시편 49:20)

인간은 하나님과의 약속을 어기고 죄인이 되었습니다.

하나님께서 최초의 인간 아담을 창조하신 후에 아담과 언약을 맺었습니다. 언약의 주체는 하나님과 아담이었습니다. 언약의 내용은 일정 기간 동안 에덴동산 중앙에 있는 선악을 알게 하는 나무 열매를 먹지 말라는 언약이었습니다.

"주 하나님이 사람을 데려다가 에덴 동산에 두시고, 그 곳을 맡아서 돌보게 하셨다. 그러나 선과 악을 알게 하는 나무의 열매만은 먹어서는 안 된다. 그것을 먹는 날에는, 너는 반드시 죽는다."(창2:15,17)

아담이 이 말씀에 순종하면 영원한 생명을 주시겠다는 약속이었습니다. 하나님께서 최초에 아담에게 주신 생명은 불완전한 것이었습니다. 그 생명은 잃어버릴 수 있는 위험에 노출되어 있었습니다. 죄를 짓고 실수하게 되면 그 생명은 잃어버릴 수 있는 불완전한 생명이었습니다. 인간이 하나님의 말씀에 일정 기간 동안 순종하면 하나님께서 아담에게 잃어버릴 수 없는 완전한 생명인 영생을 주시겠다고 약속하셨습니다. 깨어질 수 없고 상하지 않는 완전한 생명을 주시겠다고 약속하셨습니다.

그러나 아담은 하나님과 이 약속을 지키지 못했습니다. 그는 하나님께 순종하겠다고 약속했지만 에덴동산 중앙에 있는 선악과 나무 열매를 먹지 말라는 하나님의 말씀에 불순종하였습니다. 선악을 알게 하는 나무를 먹으면 하나님같이 된다는 사단의 말에 속아서 먹으면 반드시 죽으리라 하신 그 열매를 따 먹었습니다. 아담은 하나님께 순종하면 지금 가지고 있는 불완전한 생명을 완전한 생명으로 바꾸어 주실 것이지만, 불순종하면 지금 가지고 있는 불완전한 생명마저 빼앗기게 될 것이라는 하나님의 말씀을 들었습니다. 그런데 그는 하나님의 말씀에 불순종하였습니다. 하나님의 말씀에 순종하지 않고 육체의 욕망에 따라 선악과를 따 먹고 범죄했기 때문에 하나님의 형상을 잃어버렸습니다. 인간은 창조시에 이미 주어진 불완전한 생명마저 빼앗기게 되었습니다. 불완전한 생명이 완전해져서 영생을 얻는 복을 받지 못하고, 오히려 영원한 벌을 받아 죽음에 이르는 벌을 받았습니다. 인류의 조상 아담이 하나님의 말씀에 불순종하여 죄인이 되었기 때문에 아담 후손으로 태어난 모든 인류는 태어날 때부터 죄인으로 태어납니다. 이 죄를 원죄라고 합니다. 그리고 아담의 후손으로 태어난 모든 사람들은 태어난 즉시 매일매일 죽어가는 저주를 받았습니다. 사형선고를 받게 된 것입니다.

"그러므로 한 사람으로 말미암아 죄가 세상에 들어왔고, 또 그 죄로 말미암아 죽음이 들어온 것과 같이, 모든 사람이 죄를 지었기 때문에 죽음이 모든 사람에게 이르게 되었습니다."(로마서 5:12)

인간은 태어날 때에 원죄를 가지고 태어나기 때문에 모든 인간은 태어나면 죽습니다. 왜냐하면 죄의 삯은 사망이기 때문입니다.

"죄의 삯은 죽음이요, 하나님의 선물은 우리 주 예수 그리스도 안에서 누리는 영원한 생명입니다."(로마서 6:23).

예수님을 믿지 않는 모든 사람들은 그들에게 생명의 영이신 하나님의 영이 없습니다. 죄인들에게는 하나님의 영이신 성령님이 계시지 않습니다. 그러므로 예수 믿지 않는 사람들은 살아 있는 것 같으나 실상은 죽은 자들입니다. 현재는 살아서 움직이지만 그 안에 죽음의 씨앗이 자라고 있고 매일 매일 죽음을 향하여 한 걸음씩 나아가기 때문에 살아있다고 말할 수 없습니다.

죄인이기 때문에 죄를 짓는다

보통 세상에는 인간이 죄를 지었기 때문에 죄인이라고 생각합니다. 하지만 성경은 인간이 죄인이기 때문에 죄를 짓는다고 말씀합니다. 아담의 후손으로 태어난 모든 인간은 태어날 때에 죄인으로 태어납니다. 의를 행할 수 있는 모든 능력이 파괴되었습니다. 사람들 중에 겉으로 보기에 의로운 것같이 보이는 사람들도 있습니다. 하지만 그 안에 스스로 벗어날 수 없는 죄의 세력과 악의 인자가 있습니다.

이 원리는 사과가 열리기 때문에 사과나무가 아니고, 사과나무이기 때문에 사과가 열리지 않아도 사과나무인 것과 같습니다. 인간은 모두 태어날 때부터 죄를 가지고 태어나기 때문에 죄를 짓고 죄인들은 사망에 이르게 되기 때문에 소망이 없습니다. 인간이 죄인으로 태어난다는 것은 경험을 통하여 알 수 있습니다. 아이들에게 선한 것은 가르쳐 주어도 잘 실천하지 않습니다. 그러나 악한 것은 가르쳐주지 않아도 잘합니다. 이 세상 어떤 부모나 선생님도 도둑질하고, 강도짓 하고, 사기치고, 술주정꾼 되고, 마약하라고 가르치지 않습니다. 하지 말라고 가르칩니다. 그런데 세상에는 도둑, 사기꾼, 강도, 술주정꾼, 마약복용자가 너무 많습니다.

그리고 인간의 모든 불행이 바로 이 인간의 죄에서 시작됩니다. 인간의 문제는 지식의 부족함에 있지 않습니다. 성경 외에 다른 책에서도 우주와 인간의 탄생과 인간이 왜 불행하게 되었는가를 다루는 내용이 있습니다. 성경 외에 다른 곳에서는 인간의 불행의 원인을 신들의 잘못으로 돌리는 경우가 많습니다. 신들이 싸우거나 신들이 실수해서 인간에게 불행이 온 것으로 설명합니다. 그러나 성경만은 인간의 불행이 인간 자신의 죄에서 시작되었다고 설명합니다.

19세기에 들어서면서 이전 세대와 다르게 인류의 과학기술은 눈부시게 발전했습니다. 인류는 많이 축적한 지식과 새로 발견한 기술로 새로운 도구들과 새로운 약들을 만들었습니다. 그리고 눈부신 과학기술을 보고 인간은 그 지식과 과학으로 인간의 불행을 해결할 수 있을 것이라고 생각했습니다. 하지만 인간의 지식과 과학기술이 인간의 문제를 해결하지 못하고, 그 기술들은 사람을 죽이는데 사용되었습니다. 새로 알게 된 지식과 새로 발견한 기술을 이용해서 사람을 죽이는 무기를 만드는 데 사용해서 더 많은 사람들을 한꺼번에 죽였습니다.

오늘날도 인간이 새로운 지식과 기술을 이용해서 만든 많은 것들이 자연을 파괴하여 지구는 사람 살기에 적합하지 못한 곳으로 바뀌어 가고 있습니다. 왜 인간의 과학이 인간의 문제를 해결하지 못합니까? 인간의 문제의 원인이 지식과 기술의 부족에 있지 않고, 죄에 있기 때문에 기술의 발달이나 사상의 진보로 인간의 문제를 해결할 수 없습니다. 죄 문제를 해결해야 인간에게 불행의 원인이 되는 질병, 재앙, 전쟁, 죽음이 해결됩니다.

인간의 가장 큰 특징은 인간이 죄인이라는 것입니다. 그리고 인간의 모든 문제의 근본적인 원인은 죄에 있습니다. 개인의 문제와 사회의 문제의 원인이 모두 죄입니다. 모든 문제는 인간의 죄에서 시작됩니다. 이러한 인간의 죄 문제를 해결하시기 위해서 하늘에 계신 하나님이신 예수님이 인간이 되셔서 세상에 오셨습니다. 이 놀라운 사실은 다음 장에서 배우겠습니다.

기도

창조주 하나님 아버지 모든 만물 가운데 사람을 하나님의 형상대로 창조하여 주신 것을 감사드립니다. 항상 나는 피조물이고 하나님은 나의 창조자이신 것을 기억하게 하옵소서. 우리는 죄로 말미암아 거룩하시고 선하시고 의로우신 하나님의 형상을 잃어버렸습니다. 잃어버린 하나님의 형상을 되찾게 하시기 위하여 예수님이 보내주심을 감사합니다. 이제 제가 하나님 앞에 나옵니다. 항상 하나님을 찾게 하시며 잃어버린 하나님의 형상을 회복하게 하소서.

불통(不通)

마 문 철

노아 대홍수 후 세월이 흐르자 인간들의 생활은 다시 난잡해졌고
깨어있는 사람들은 노아 홍수 수준의 재앙을 경고했으나
죄악의 즐거움은 인간의 귀를 막아 경고를 듣지 못하게 했다.
오히려 죄인들에게 용기를 주는 소식이 전해졌다.
한 과학자가 '건축 재료로 쓰일 신소재를 발명했다'는 소식인데
흙으로 돌을 만들 수 있는 꿈의 기술이었고
홍수 후에 쌓여 있던 흙더미는 황금알로 변했다.
흙으로 만든 돌을 '벽돌'이라 이름을 붙였고
벽돌은 재료 구입이 쉽고 융통성에 있어서
돌과 비교할 수 없을 정도로 편리하고 저렴했다.
원하는 모양으로 원하는 만큼 얻을 수 있는 벽돌은
마술을 부려 원하는 모양의 건축물을 만들 수 있었다.

유프라테스강과 티그리스강 주변에 건축에 쓸 돌이 귀해서
땅을 파고 나무로 집을 지었고 왕궁만 수입한 돌로 지었다.
모든 것은 풍성하지만 돌이 귀해서
높고 튼튼한 건물을 짓지 못한 것을 운명으로 받아들였다.
벽돌이란 신소재 신이 정해준 운명을 바꾸는 꿈의 소재가 되었고
과학과 기술로 사람도 신의 경지에 오를 수 있고
홍수 같은 재앙이 온다 해도 넉넉히 이길 수 있다는 것을
알리는 상징물로 벽돌로 높은 건물을 건축하기로 결정했다.
신소재인 벽돌로 하늘을 찌르는 높은 건물을 짓게 되자
하늘 높은 줄 모르고 치솟는 인간의 교만을 하나님이 보시고
언어를 혼잡케 하여 바벨탑 건축을 막으셨는데
서로 언어가 통하지 않아
벽돌공이 벽돌 틈새를 매울 타르를 가지고 오라고 하면
새참을 가지고 오는 것 같은 혼란이었다.
언어가 달라서 오는 혼란 이상의 혼란이 있었는데
같은 언어를 다르게 해석하는 불통을 가져왔다.
서로 다른 마음을 품고 있으니 같은 언어도 다르게 해석하여
바벨탑이 올라간 만큼 사람들 사이에 소통의 장벽도 높아져 갔다.
벽돌을 수출하여 수입이 늘어나자 사람들의 욕심은 더 많아져서
각자 손익을 계산하고 자신의 이득을 위해서

속마음과 다른 언어를 사용하여 신뢰는 무너졌고
다른 사람들의 말의 뜻을 있는 그대로 듣지 않고
자신이 원하는 대로 해석했다.
무지개 약속으로 물로 멸망시키지 않으신다고 약속하신 하나님은
탐욕으로 가득 차고 교만한 인간들에게 '불통'의 징벌을 내렸는데
불통의 징벌은 노아홍수에 버금가는 징벌이다.
신뢰가 깨진 인간관계에서는 어떤 행복도 기대할 수 없다.
이 불통의 징벌이 대한민국에 임했으니 어찌하면 좋으랴!
부부가 불통이 되어서 작은 일도 화해대신 이혼 법정으로 가고
화해의 사명을 지닌 교회는 귀한 헌금을 변호사 비용으로 날리고
말로는 대한민국을 위한다고 외치는데 마음은 점점 멀어져 간다.
민족의 죄를 자신의 죄처럼 회개한 에스라처럼 기도하자.
"내가 이 일을 듣고 속옷과 겉옷을 찢고 머리털과 수염을 뜯으며 기가
막혀 앉으니... 말하기를 나의 하나님이여 내가 부끄럽고 낯이 뜨거워
서 감히 나의 하나님을 향하여 얼굴을 들지 못하오니 이는 우리 죄악
이 많아 정수리에 넘치고 우리 허물이 커서 하늘에 미침이니이다"

7

예수님은
누구신가?

제7장. 예수님은 누구신가?

* 외울 말씀 / 빌립보서 2:6~8
  그는 근본 하나님의 본체시나 하나님과 동등됨을 취할 것으로 여기지 아니하
  시고 오히려 자기를 비워 종의 형체를 가지사 사람들과 같이 되셨고 사람의 모
  양으로 나타나사 자기를 낮추시고 죽기까지 복종하셨으니 곧 십자가에 죽으심
  이라.

우리 시대는 3대에 이르는 증조할아버지 이름도 잘 모르고 지냅니다. 그런데 왜 2천 년도 전에 우리와 아무 상관이 없는 이스라엘 땅에 태어난 사람인 예수님에 대해서 관심을 갖습니까? 그분은 우리와 어머니 아버지보다 더 밀접한 관계가 있기 때문입니다. 그 분은 나의 죄를 위해서 죽으셨습니다. 예수님은 지상에서는 친구를 위하여 죽어주는 사랑이 가장 큰 사랑이라고 말씀하셨습니다.

"사람이 자기 친구를 위하여 자기 목숨을 내놓는 것보다 더 큰 사랑은 없다."(요 15:13).

그러나 예수님은 하나님을 배반한 원수들인 죄인들의 생명을 구원하시기 위하여 죄인들의 형벌을 대신 지고 십자가에서 죽으셨습니다.

과거에 전혀 모르던 사람들이 장기를 이식하고 나면 그 뒤부터는 친척처럼 때로는 친척보다 더 가깝게 지냅니다. 왜냐하면 자신의 몸의 일부인 장기를 주고받은 관계이기 때문입니다. 예수님은 우리를 위하여 장기가 아니라 자신의 생명을 주셨습니다. 예수님과 성도들은 생명을 주고받은 관계입니다. 예수님은 우리 죄를 위하여 십자가에 달려 죽으신 분이십니다. 예수님은 우리에게 생명을 주셨고 우리는 그 생명을 받았습니다. 시간적으로 먼 과거이고 지리적으로 멀리 떨어진 곳에서 태어나서 사시다가 죽으셨지만, 그 분은 나를 위하여 오셨고, 나의 죄를 위하여 죽으셨고, 나를 구원하시기 위하여 부활하셨습니다. 그러므로 우리가 예수님이 누군가 알아야 합니다.

1. 이름의 뜻

예수라는 이름은 구약성경에서 왔습니다. 구약성경 책 이름 중에 하나가 '여호수아'입니다. 여호수아란 사람 이름을 따서 책 이름을 여호수아라고 붙였습니다. 그는 이스라엘 백성의 지도자로서 가나안 땅 정복을 이루어낸 사람입니다. 그 책의 시작은 여호수아를 소개함으로 시작합니다.

"주님의 종 모세가 죽은 뒤에, 주님께서, 모세를 보좌하던 눈의 아들 여호수아에게 말씀하셨다."(수 1:1).

그리고 가나안 땅을 정복한 여호수아가 죽은 지 거의 천년이 흐른 후에 또 한 사람의 여호수아가 있었습니다. 이스라엘이 바벨론 포로로 잡혀갔다가 다시 가나안 땅으로 복귀했을 때에 대제사장을 지낸 인물입니다. 그의 이름은 스가랴서에서 알려줍니다.

"주님께서 나에게 보여 주시는데, 내가 보니, 여호수아 대제사장이 주님의 천사 앞에 서 있고, 그의 오른쪽에는 그를 고소하는 사탄이 서 있었다."(슥 3:1).

바로 구약성경에 나온 여호수아와 예수라는 이름은 같은 이름입니다. '여호수아'란 히브리말을 헬라말로 음역하면 '예수'라고 발음하게 됩니다. 음역이란 외국어를 발음만 자신의 나라 말의 발음으로 바꾸는 것입니다. 그리고 그 뜻은 '구원하신다'라는 뜻입니다.

'그리스도'는 '메시야'라는 말과 같은 뜻입니다. '메시야'는 기름부음을 받은 자라는 뜻이고 이 '메시야'라는 히브리말의 뜻을 헬라어로 옮기면 그리스도라는 단어가 됩니다. '예수'라는 이름은 한 자연인의 이름이고 '그리스도'라는 말은 직책을 의미합니다. 왕, 대통령, 황제 같은 지위를 나타냅니다. 옛날 이스라엘 사람들은 선지자, 왕, 제사장에게 대관식이나 위임식을 할 때에 기름을 부었습니다. 그리스도는 하나님께서 거룩하게 구별한 사람을 뜻했습니다. 그러므로 예수 그리스도라는 말은 예수라는 한 자연인이 하나님의 뜻을 이루는 '메시야'라는 직책을 가진 분이라는 뜻입니다. 예수 그리스도는 왕이요 제사장이요 선지라는 뜻입니다.

2. 예수님의 두 가지 본성

예수님이 보통 사람들과 다른 점은 예수님은 두 가지 본성을 가지셨다는 것입니다. 예수님은 완전한 하나님이시며 동시에 완전한 사람이십니다. 하나님의 본성과 사람의 본성 두 본성을 가지셨습니다. 그런데 두 본성이 혼합된 것이 아니고 완전한 두 본성이 한 인격체 안에 존재합니다.

예수님의 신성

예수님이 세상에 태어난 모든 사람들과 다른 점은 그 분은 원래 하나님이셨다는 것입니다. 예수님은 하나님의 아들이시기 때문에, 신성을 가지신 분이십니다. 성경은 예수님은 세상이 창조되기 전부터 계셨던 하나님이시라고 말씀합니다.

"태초에 '말씀'이 계셨다. 그 '말씀'은 하나님과 함께 계셨다. 그 '말씀'은 하나님이셨다. 그는 태초에 하나님과 함께 계셨다. 모든 것이 그로 말미암아 창조되었으니, 그가 없이 창조된 것은 하나도 없다."(요 1:1~3)

"아버지, 창세 전에 내가 아버지와 함께 누리던 그 영광으로, 나를 아버지 앞에서 영광되게 하여 주십시오."(요 17:5)

예수님은 원래 하나님이셨습니다. 예수님은 삼위일체 하나님으로 만물이 창조되기 전부터 계셨습니다. 삼위일체란 하나님은 성부 하나님, 성자 하나님, 성령 하나님 세 위격이 한 분의 인격으로 존재하신다는 것을 말합니다. 그리고 예수님은 성자 하나님이셨습니다. 예수님은 자신이 하나님이시라고 분명하게 말씀하셨습니다. 예수님은 하나님이 자신의 친 아버지라고 말씀하셨습니다.

"그러나 [예수]께서는 그들에게 말씀하셨다. '내 아버지께서 이제까지 일하고 계시니, 나도 일한다.' 유대 사람들은 이 말씀 때문에 더욱더 예수를 죽이려고 하였다. 그것은, 예수께서 안식일을 범하셨을 뿐만 아니라, 하나님을 자기 아버지라고 불러서, 자기를 하나님과 동등한 위치에 놓으셨기 때문이다."(요한복음 5:17~18)

"나와 아버지는 하나이다. 이 때에 유대 사람들이 다시 돌을 들어서 예수를 치려고 하였다. 예수께서 그들에게 말씀하셨다. '내가 아버지의 권능을 힘입어서, 선한 일을 많이 하여 너희에게 보여 주었는데, 그 가운데서 어떤 일로 나를 돌로 치려고 하느냐?' 유대 사람들이 대답하였다. 우리가 당신을 돌로 치려고 하는 것은, 선한 일을 하였기 때문이 아니라, 하나님을 모독하였기 때문이오. 당신은 사람이면서, 자기를 하나님이라고 하였소."(요한복음 10:30~33)

우리가 하나님을 아버지라고 부르는 것과 예수님이 하나님을 아버지라고 부르신 것은 차원이 다릅니다. 우리는 하나님이 양자로 삼아서 자녀 삼아주신 것입니다.

"여러분은 또다시 두려움에 빠뜨리는 종살이의 영을 받은 것이 아니라, 자녀로 삼으시는 영을 받았습니다. 그래서 우리는 그 영으로 하나님을 '아빠, 아버지'라고 부릅니다."(로마서 8:15).

하지만 예수님은 원래부터 하나님의 친아들이셨습니다.

예수님의 인성

예수님은 한 인간이셨습니다. 예수님은 원래 하나님이신데 이 세상에 사람의 몸을 입고 오셨습니다. 그 분은 우리와 똑같은 사람이셨습니다. 예수님이 완전한 사람이셨다는 사실을 성경 여러 군데서 말씀하고 있습니다. 예수님을 분명히 '사람'이라고 표현합니다.

"지금 하나님께 들은 진리를 너희에게 말한 사람인 나를 죽이려 하는도다 아브라함은 이렇게 하지 아니하였느니라"(요 8:40)

"그러나 이 은사는 그 범죄와 같지 아니하니 곧 한 사람의 범죄를 인하여 많은 사람이 죽었은즉 더욱 하나님의 은혜와 또한 한 사람 예수 그리스도의 은혜로 말미암은 선물은 많은 사람에게 넘쳤느니라"(로마서 5:15)

예수님은 우리와 똑같은 인성을 지니셨기 때문에 피곤함과 배고프심을 느끼셨습니다.

"야곱의 우물이 거기에 있었다. 예수께서 길을 가시다가, 피로하셔서 우물가에 앉으셨다. 때는 오정쯤이었다."(요한복음 4:6)

"이튿날 그들이 베다니를 떠나갈 때에, 예수께서는 시장하셨다."(마가복음 11:12)

예수님은 인간의 본성을 지니셨기 때문에 주무시기도 하셨습니다.

"예수께서는 고물에서 베개를 베고 주무시고 계셨다."(마가복음 4:38)

예수님이 우리와 똑같이 완전한 인간이셨지만 보통 인간들과 한 가지 다른 특징은 그 분은 죄가 없었습니다. 예수님은 하나님이시기 때문에 모든 것을 하실 수 있었습니다. 그러나 한 가지는 못하셨습니다. 예수님은 죄를 지을 수 없었습니다. 예수님은 죄를 짓는 것은 할 수 없습니다.

"우리의 대제사장은 우리의 연약함을 동정하지 못하시는 분이 아닙니다. 그는 모든 점에서 우리와 마찬가지로 시험을 받으셨지만, 죄는 없으십니다."(히브리서 4:15)

예수님이 완전한 하나님이시며 완전한 인간이라는 사실은 인간의 논리로는 설명할 수 없습니다. 하지만 이것은 하나님이시기에 가능한 신비입니다. 하나님은 자연의 법칙을 초월하고 인간의 이성을 초월하시기 때문에 하시고자 하시는 일은 무엇이든지 하실 수 있습니다.

두 본성이 필요한 이유

예수님이 왜 신성과 인성을 가진 두 본성이 필요했을까요? 하나님과 인간 사이에 중재자가 되시기 위해서 신성과 인성 두 본성을 가지셨습니다. 하나님은 너무 거룩하고 인간은 죄인이기 때문에 죄로 더러워진 인간이 순결하시고 의로우신 하나님께 다가갈 수 없습니다. 인간은 죄가 많기 때문에 거룩하신 하나님 앞에 나아갈 수 없었습니다. 죄가 없는 사람만이 거룩하신 하나님 앞에 나아갈 수 있었습니다. 그러므로 하나님과 인간 사이를 오가며 중재할 수 있는 죄 없는 인간이 한 사람 필요했습니다. 그러나 세상에는 죄 없는 인간이 없었기 때문에 하나님이신 예수님이 친히 죄 없는 인간으로 세상에 오셨습니다. 죄인인 인간이 거룩하신 하나님을 만나도록 돕기 위해서는 그 분은 신성과 인성 두 본성이 필요했습니다. 하나님과 인간 사이에 화해자가 되시기 위해서는 두 본성이 필요했습니다. 예수님은 하나님과 사람의 두 가지 본성을 동시에 지니셨기 때문에 거룩하신 하나님께 나아갈 수 있습니다. 죄인인 인간들에게 다가오실 수 있습니다. 예수님은 하나님과 사람 사이에 중보자이십니다. 그러므로 우리가 기도할 때에 "예수님 이름으로 기도합니다."라는 말을 덧붙입니다. 인간은 예수님을 통하지 않고는 하나님 앞에 나아갈 수 없습니다. 우리 기도도 예수님을 거치지 않고 하나님께 전달 될 수 없습니다. 그러므로 기도할 때에도 예수님의 이름으로 기도를 드립니다.

그리고 죄의 삯은 사망이기 때문에 인간의 죄를 대신해서 예수님은 죽으셔야 했습니다. 그런데 신은 죽을 수 없기 때문에 원래 하나님이신 예수님이 사람의 몸을 입고 이 땅에 오신 것입니다. 기독교를 반대하는 사람들 가운데는 어떻게 신이 죽을 수 있느냐고 반문합니다. 예수님이 신이시라면 죽을 수 없다는 것입니다. 그러나 예수님은 신이시면서 인간의 본성을 지니셨기 때문에 죽는 것이 가능했습니다.

예수님은 우리 죄를 위하여 십자가에 죽으시고 부활하셨습니다. 인간의 모든 문제는 죄에서 비롯되었습니다. 이 땅에서 당하는 모든 불행과 슬픔이 인간의 죄의 결과입니다. 예수님은 인간의 죄 문제를 해결하시기 위하여 사람의 몸을 입고 이 땅에 오셨습니다. 사람의 몸을 입고 세상에 오신 예수님은 우리 죄를 위하여 십자가에 못 박혀 죽으셨습니다. 모든 사람들은 죄를 지었고 그 죄에 대한 형벌로 모두 죽어야 하는데, 죄인들이 받을 사형의 형벌을 예수님이 대신 받으셨습니다.

"그는 우리 죄를 자기의 몸에 몸소 지시고서, 나무에 달리셨습니다. 그것은, 우리가 죄에는 죽고 의에는 살게 하시려는 것이었습니다. 그가 매를 맞아 상함으로 여러분이 나음을 얻었습니다."(벧전 2:24)

예수님이 다시 살아나신 것은 그분의 죽음이 우리의 죄를 용서하셨다는 증거입니다. 예수님이 죽으신 후에 다시 살아나지 못했으면 예수님의 죽음이 우리 죄 때문이라는 것을 증명할 수 없습니다. 그러나 예수님은 죽음에서 사흘 만에 부활하심으로 그 분의 죽으심이 우리 죄 때문인 것을 증명하셨습니다. 그리고 예수님이 부활하신 것은 우리의 죄를 용서할 수 있는 효력이 있다는 것도 증명하신 것입니다.

"성령으로는 죽은 사람들 가운데서 부활하심으로 나타내신 권능으로 하나님의 아들로 확정되신 분이십니다. 그는 곧 우리 주 예수 그리스도이십니다."(로마서 1:4)

예수님의 부활은 죽음을 피할 수 없는 절망적인 인간들에게 부활과 영생의 소망을 주었습니다.

"우리 주 예수 그리스도의 하나님 아버지께 찬양을 드립시다. 하나님께서는 그 크신 자비로 우리를 새로 태어나게 하셨습니다. 그리하여 그는, 죽은 사람들 가운데서 예수 그리스도가 부활하심으로 말미암아 우리로 하여금 산 소망을 갖게 해 주셨으며, 썩지 않고 더러워지지 않고 낡아 없어지지 않는 유산을 물려받게 하셨습니다. 이 유산은 여러분을 위하여 하늘에 간직되어 있습니다."(베드로전서 1:3~4)

기도

사랑이 많으신 하나님 아버지, 죄인들을 구원하시기 위하여 사랑하는 외아들 예수님을 세상에 보내 주신 것을 감사드립니다. 우리에게 성령님을 보내주셔서 예수님이 삼위일체 하나님이시며, 완전한 하나님이시며, 완전한 인간인 것을 믿게 하여 주옵소서. 예수님은 죽은 자 가운데서 부활하셔서 지금도 살아 계시고 나와 함께 하심을 깨닫게 하옵소서. 말로만 예수님을 주님이라고 부르지 않게 하시고 삶으로 예수님을 주님으로 인정하게 하옵소서.

장례업자의 관점

마 문 철

므두셀라와 동생들과 어머니는 저녁상을 차려 놓고
시계처럼 정확하게 퇴근하시는 아버지를 기다리는데
시간이 한참 지나 식사를 하려던 차에
대문밖에 동네 사람들이 몰려와서 웅성거리고
므두셀라의 친구가 집 안으로 들어와서 말했다.
"방금 하늘에서 천사들이 구름수레를 가지고 와서
자네 아버지를 태워서 하늘로 데려가셨네."
므두셀라는 아버지 에녹이 갑자기 휴거를 하자
장례 절차와 아버지 부재에 대한 대책을 위해
가족회의를 열었는데
장례업자인 므두셀라의 외삼촌도 참여했고
외삼촌은 에녹이 하나님의 일 하느라

112

미처 돌보지 못한 조카들을 돌보아 주었다.

에녹의 둘째 아들

"외삼촌이 아니었으면 우리는 학교도 못 다녔을 거야?"

에녹의 셋째 아들 "외삼촌이 학용품과 용돈을 주셔서 이나마 버텼지"

에녹의 맏이 "아버지가 하나님의 일 하시고

하나님이 외삼촌을 통해서 공급해 주신거야!"

하나님의 일 하느라 자녀들은 뒷전이었던

아버지에게 불만을 품었던 한 아들

"아버지가 그래도 마지막 떠나시면서 좋은 일 하나 하셨네.

죽지 않고 하늘로 직행하셨으니

비용 들여서 장례식 치르지 않아도 되잖아!"

아직 철이 들지 않은 이상주의자 어린 막내

"사람이 죽지 않고 곧장 하늘로 가면 참 좋을 텐데

왜 하나님은 죽음을 통해 데려가실까?

산채로 데려가시면 세상에 많은 문제가 해결될 텐데,

나도 죽지 않고 휴거되었으면 좋겠다."

장례업자 외삼촌

"모든 사람이 산 채로 모두 휴거되면 나는 뭐 먹고 살고

너희들 용돈은 어디서 구했겠느냐?

특별한 사람은 한 사람이면 족하지

눈에 띄는 특별한 사람보다
마음이 평안한 보통 사람이 낫다."
가족의 후원자 장례업자 외삼촌의 말에
모든 가족이 머리를 끄덕였다.

어떻게 구원을
얻을 수 있는가?

제8장. 어떻게 구원을 얻을 수 있는가?

* 외울 말씀 / 로마서 10:9~10
네가 만일 네 입으로 예수를 주로 시인하며 또 하나님께서 그를 죽은 자 가운데
서 살리신 것을 네 마음에 믿으면 구원을 받으리라 사람이 마음으로 믿어 의에
이르고 입으로 시인하여 구원에 이르느니라.

'구원'이란 말의 사전적인 뜻은 '어려움이나 위험에 빠진 사람을 구하여 준다.'는 뜻입니다. 물에 빠져 죽어가는 사람을 물에서 건져 주면 물에서 구원받은 것입니다. 불난 집에서 구원을 받으면 불에서 구원을 받은 것입니다. 기독교에서 구원은 인간의 모든 불행과 고통의 원인이 되는 죄에서 구원을 말합니다. 여기에 덧붙여 사람이 세상을 살아가는 동안 겪게 되는 온갖 어려운 문제들을 포함합니다. 성경은 예수님을 믿으면 이 세상에서 사람들이 살아가면서 당할 수 있는 모든 어려운 일들 가운데서도 하나님이 구원하신다고 약속하고 있습니다. 예수 믿으면 경제적 어려움에서, 질병에서, 온갖 고통에서 구원을 얻습니다. 하지만 가장 중요한 것은 죄와 사망에서 구원입니다. 세상에서 다른 사람들이 겪는 수많은 불행과 재앙을 피해

가는 운 좋은 사람들도 죽음은 결코 피할 수 없습니다. 세상에 부와 권세와 명예를 누리고 병 한번 걸리지 않고 건강하게 살아도 죽음은 피할 수 없습니다. 인간의 불행의 극치는 죽음이고 죽음은 인간의 죄에서 비롯됩니다. 성경은 '죄의 삯은 사망'이라고 말씀합니다. 죽음에서 구원을 받기 위해서는 죄에서 구원을 받아야 합니다. 하나님은 우리를 이 세상의 불행과 슬픔과 재앙과 질병으로부터 구원하십니다. 그러나 이것은 작은 구원입니다. 큰 구원은 죄와 사망에서 구원받는 것입니다.

"하물며 우리가 이렇게도 귀중한 구원을 소홀히 하고서야, 어떻게 그 갚음을 피할 수 있겠습니까? 이 구원은 주님께서 처음에 말씀하신 것이요, 그것을 들은 사람들이 우리에게 확증하여 준 것입니다."(히브리서 2:3).

인간 구원의 주체

인간을 죄와 사망에서 구원하는 일은 인간 자신이 할 수 있는 일이 아닙니다. 인간의 성품이나 노력이나 업적은 인간이 죄와 사망에서 구원을 받는데 아무런 영향을 미치지 못합니다. 하나님이 일방적으로 긍휼을 베푸심으로 구원의 역사가 시작됩니다.

"하나님께서 모세에게 말씀하시기를 '내가 긍휼히 여길 사람을 긍휼히 여기고, 불쌍히 여길 사람을 불쌍히 여기겠다' 그러므로 그것은 사람의 의지나 노력에 달려 있는 것이 아니라, 하나님의 자비에 달려 있습니다."(롬 9:15~16).

하나님께서 구원받을 자들을 선택하신 유일한 동기는 하나님의 긍휼하심입니다. 회사에서 사원을 뽑을 때에 작은 점수 차이로 아슬아슬하게 떨어지는 일이 많습니다. 두 사람 모두 충분히 자격을 갖추었지만 회사에서 두 사람이 필요하지 않기 때문에 아쉽지만 한 사람만 뽑습니다. 그러나 하나님의 선택은 이것과 다릅니다. 창세기에 보면 하나님께서 에서와 야곱 쌍둥이 형제 중에 에서는 버리고 야곱을 선택했습니다. 에서와 야곱 두 사람 다 하나님의 선택을 받을 수 없고 징벌을 받아 죽어야 하고 지옥에 가야 합니다. 둘 다 선택을 받을 자격이 전혀없었습니다. 그 중에 한 사람에게 하나님께서 긍휼을 베푸셔서 택하셔서 징벌과 죽음에서 벗어나게 하셨습니다. 구원은 철저하게 하나님이 하신 일입니다.

인간을 구원하시기 위해서 삼위일체 하나님이 일하십니다. 하나님은 삼위일체로 존재하십니다. 성부 하나님, 성자 하나님, 성령 하나님 삼위의 하나님이 한 분 하나님으로 존재하십니다. 이 삼위의 하나님이 인간의 구원을 위하여 협력하십니다. 성부 하나님은 구원을 계획하시고 구원받을 사람들을 미리 선택해서 정해 놓으셨습니다.

인간 구원을 위하여 성부 하나님이 하신 일

복음을 듣는 사람 모두가 예수를 믿는 것은 아닙니다. 똑같이 하나님의 말씀을 들었지만 어떤 사람들은 믿고 어떤 사람들은 믿지 않습니다. 성경은 그 이유를 하나님이 믿도록 선택한 사람들만 하나님의 말씀을 듣는다고 합니다. 성경 말씀이 믿어지고 예수 믿을 마음이 드는 것은 하나님께서 우리를 하나님의 자녀로 선택해 주셨기 때문입니다. 세상에 모든 사람들이 구원을 받는 것이 아니고 하나님이 구원하시기로 선택한 사람들만 믿습니다.

"하나님은 세상 창조 전에 그리스도 안에서 우리를 택하시고 사랑해 주셔서, 하나님 앞에서 거룩하고 흠이 없는 사람이 되게 하셨습니다."(에베소서 1:4)

"나를 보내신 아버지께서 이끌어 주지 아니하시면, 아무도 내게 올 수 없다. 나는 그 사람들을 마지막 날에 살릴 것이다."(요한복음 6:44)

많은 사람들에게 복음을 전하지만 그 중에 일부만 믿고 일부는 믿지 않습니다. 성경은 하나님의 말씀을 듣는 사람 중에 하나님의 선택함을 받은 사람들만 전해 들은 복음을 믿을 수 있다고 말합니다. 그러나 우리는 누가 선택받은 사람인지 알 수 없습니다. 모든 사람들을 구원받을 사람들로 알고 복음을 전해야 합니다.

인간의 구원을 위하여 성자 예수님이 하신 일

인간을 구원하시려고 성부 하나님이 세우신 구원의 계획을 성자 하나님이신 예수님께서 실행하셨습니다. 성경은 인간이 구원받는 길은 예수님께서 우리 죄를 위하여 하신 일을 믿고 예수님을 나의 삶의 주인으로 모시는 것이라고 말씀합니다.

"그들이 대답하였다. 주 예수를 믿으시오. 그리하면 그대와 그대의 집안이 구원을 얻을 것입니다."(행 16:31)

죄가 없으신 예수님은 모든 인간들의 죄를 위하여 십자가에서 죽으셨습니다. 모든 죄인들은 원죄와 자범죄로 죽게 되었는데 그 죄의 형벌을 예수님이 대신 받으시기 위하여 십자가에서 못 박혀 죽으셨습니다. 그리고 죽으신 예수님을 하나님께서 살리셨습니다. 부활하신 예수님은 우리 구주가 되셨습니다. 그러므로 우리는 예수님에 관련한 세 가지 사실을 믿을 때에 구원을 얻습니다.

첫째, 예수님은 인간의 몸을 입고 오신 하나님이시라는 사실을 믿는 것입니다.

예수님이 약 2천 년 전에 이 땅에 오셔서 십자가에 죽으셨다는 것은 모든 사람들이 믿습니다. 하지만 그 분이 하나님의 아들이시라는 사실을 믿지 않는 사람들이 많이 있습니다. 예수님을 하나님의 아들로 믿지 않고 뛰어난 인간 중의 한 사람으로 생각하는 사람들은 구원받을 수 없습니다. 왜냐하면 예수님도 우리와 똑같은 인간이라면 우리를 구원하실 수 없기 때문입니다.

둘째, 예수님이 우리 죄를 위하여 십자가에 죽으셨다는 사실을 믿는 것입니다.

로마시대에 십자가에 매달려 죽은 사람들은 무서운 죄나 반역죄를 지은 사람들이었습니다. 그러나 예수님은 이 세상에 계실 때에 죄를 전혀 지은 적이 없으십니다. 예수님은 하나님으로서 우리와 똑같이 인간의 몸을 입고 인간으로 세상에 오셨지만 다른 모든 인간들과 다른 점은 그 분은 죄가 없다는 것입니다. 예수님을 재판했던 로마의 총독 빌라도는 예수님에게 죄가 없다고 선언하였습니다.

"그 때에 빌라도가 다시 바깥으로 나와서, 유대 사람들에게 말하였다. '보시오, 내가 그 사람을 당신들 앞에 데려 오겠소. 나는 그에게서 아무 죄도 찾지 못했소.' 나는 당신들이 그것을 알아주기를 바라오."(요한복음 19:4).

그러므로 예수님께서 십자가에 죽으신 것은 자신의 죄 때문에 죽으신 것이 아닙니다. 모든 사람들의 죄 때문에 죽으셨습니다. 예수님은 자신을 죽이려는 사람들을 순식간에 해치울 수 있는 권세가 있었지만 그렇게 되면 인간의 죄를 용서할 수 있는 길이 없기 때문에 그 힘을 사용하시지 않았습니다.

셋째 예수님이 죽은 지 사흘 만에 부활하셨다는 사실을 믿는 것입니다.

예수님은 하나님의 아들이시고 죄 없이 죽으신 분이기 때문에 하나님께서 그를 무덤에서 살려내셨습니다. 이 사실을 믿는 자들에게 구원이 있다고 성경에 기록되었습니다.

"당신이 만일 예수는 주님이라고 입으로 고백하고, 하나님께서 그를 죽은 사람들 가운데서 살리신 것을 마음으로 믿으면 구원을 얻을 것입니다."(로마서 10:9)

인간 구원을 위하여 성령 하나님이 하신 일

인간의 구원을 위하여 성부 하나님은 계획을 세우시고 성자 하나님이신 예수님은 그 계획을 실행에 옮기셨습니다. 그리고 성령 하나님은 구원이 인간에게 효력을 나타내도록 적용하십니다. 물론 삼위의 하나님은 한 분이시기 때문에 함께 하신 일이지만 우리가 이해하기 쉽게 설명하자면 삼위 하나님의 사역이 구별된다는 뜻입니다.

성령 하나님은 구원이 우리에게 효력을 발휘하도록 하시기 때문에 성령님의 도우심이 없이는 하나님이 계획하시고 예수님이 이루신 구원의 방법이나 효과를 믿을 수 없습니다. 내가 스스로 믿는 것이 아니고 성령 하나님께서 믿을 수 있도록 은혜를 베풀어 주실 때에 믿어지는 것입니다. 예수님을 믿음으로 말미암아 구원을 얻는 데 그 믿음이 내 것이 아니고 하나님이 우리에게 선물로 주신 것입니다. 비록 내 의지로 결단하고 믿지만 그런 의지가 생긴 것은 하나님이 우리 안에 성령님을 보내주셨기 때문입니다. 성경의 내용이 믿어지는 것은 우리 안에 하나님의 영이신 성령님이 활동하시기 때문입니다.

"여러분은 믿음을 통하여 은혜로 구원을 얻었습니다. 이것은 여러분에게서 난 것이 아니요, 하나님의 선물입니다. 행위에서 난 것이 아닙니다. 그러므로 아무도 자랑할 수 없습니다."(엡 2:8~9).

빈손

마 문 철

쌍둥이 형제 에서와 야곱은 나이 들수록 외형이 다르게 변해갔다.
수염이 텁수룩하게 난 에서는 조숙해서 금방 어른 티가 났다.
여자처럼 곱상한 야곱은 소년티를 좀처럼 벗지 못했다.
스무 살쯤 되었을 때는 형제가 아니라 삼촌과 조카 같았다.
에서는 10분 늦게 태어난 동생을 아이 취급을 하면서 귀여워했다.
야곱은 어머니가 들려준 "큰 자가 작은 자를 섬기리라"는
하나님의 말씀을 가슴에 새기고 기회를 기다렸다.
욕심 많은 야곱은 10분 일찍 태어난 형에게 아버지의 유산
두 몫이 형에게 돌아가는 것을 두고만 볼 수 없었다.
야곱은 하늘이 정한 형과 아우의 질서를 바꾸려고 기회를 엿봤다.
사냥을 마치고 돌아온 형이 "엄마 배고파 죽겠어요. 밥 줘요."
하는 순간 배고픔을 못 참는 형의 약점을 이용하기로 결심했다.

야곱은 에서가 사냥에서 돌아온 시간에 맞춰

맛있는 냄새가 코를 찌르는 수프를 끓였다.

에서는 동생에게 애원했다. 애! 형 배고프다 어서 한 그릇 다오.

형 그냥 줄 수 없어 이 수프를 사야해.

들에서 왔는데 돈이 어디 있니? 돈 말고 형의 장자권을 넘겨.

에서는 농담으로 알고 "장자권 줄게 수프 다오."

그 후로 야곱은 "이 집 장자는 나야, 형이 나에게 팔았잖아!"

"이 자식 농담도 잘 하네." 에서가 말하면

야곱은 정색을 하고 말했다. 농담 아냐 거래는 거래야!

에서는 그때서야 야곱의 속셈을 알고서

동생을 달리 보고 마음이 점점 멀어져 갔다.

몇 년 후에 에서가 기절할 일이 일어났다.

야곱은 팔을 염소털로 감싸고 에서라고 속이고 장자의 축복을 훔쳤다.

에서는 야곱은 인간이 아닌 여우라 여기고 죽이기로 한다.

야곱은 장자의 축복을 받은 후에 목숨의 위험을 느끼고

빈손이 되어 외가로 도망갔다.

야곱은 형과 아우의 질서를 바꾸는 불가능한 일을 해냈지만

빈손과 '도망자'불명예만 남았다.

하나님이 둘째에게 약속하신 장자의 축복은 두 배의 재산이 아니고,

이 땅에 진정한 복을 가져다 줄 복의 근원 되신

예수 그리스도가 오시는 통로로 사용되는 것이었다.

야곱은 20년 동안 고난과 역경을 겪은 후에 이 사실을 깨달았다.

예수 믿는 사람들에게 하나님이 약속하신 진정한 복은

세상의 부와 명예가 아니다.

예수님 자체가 최고의 복이다. 그 분 안에 모든 좋은 것이 있다.

"예수님 안에 지혜와 지식의 모든 보화가 감추어져 있느니라"

야곱처럼 빈손이 되어서 광야에 서 볼 때

예수 그리스도가 진정한 복이란 것을 알게 된다.

9

구원의
완성에
이르는 과정(1)

제9장. 구원의 완성에 이르는 과정(1)

* 외울 말씀 / 롬 8:30
또 미리 정하신 그들을 또한 부르시고 부르신 그들을 또한 의롭다 하시고 의롭
다 하신 그들을 또한 영화롭게 하셨느니라.

성경은 죄인들이 예수님을 믿고 구원받는 과정에 대해서 알려줍니다. 선택과 예정, 부르심, 거듭남, 회개, 신앙, 칭의, 성화, 영화입니다.

선택과 예정

하나님께서 구원하시기로 작정한 사람들을 세상을 창조하시기 전에 예정해 두셨습니다. 하나님께서 믿고 구원받을 자들이 태어나기도 전에 예정해 두셨다고 성경은 말씀합니다.

"하나님은 세상 창조 전에 그리스도 안에서 우리를 택하시고 사랑해 주셔서, 하나님 앞에서 거룩하고 흠이 없는 사람이 되게 하셨

128

습니다. 하나님은 하나님의 기뻐하시는 뜻을 따라 예수 그리스도를 통하여 우리를 하나님의 자녀로 삼으시기로 예정하신 것입니다."(엡 1:4~5).

그러나 구원받을 사람과 구원받지 못할 사람을 무를 자르듯이 갈라놓으셨다는 뜻은 아닙니다. 하나님이 믿고 구원받을 자와 믿지 않고 저주받을 자를 예정해 두셨다는 예정론은 인간의 논리와 이성에 맞게 설명하기 어려운 교리입니다.

예정론은 장로교의 창시자인 칼빈의 신학의 핵심입니다. 성경에는 창세기부터 요한계시록까지 하나님이 구원받을 자를 택하셨다는 생각이 흐르고 있습니다. 하지만 하나님을 믿을 자를 미리 예정하시고 선택하셨다는 말씀은 이 안에 인간이 알 수 없는 하나님의 깊은 지혜와 신비가 담겨 있습니다. 이 말씀을 문자 그대로 이해해서는 안 됩니다.

우선 이 말씀을 하나님께서 '너는 예수 믿고 구원받을 자, 너는 불신자로 살다가 지옥에 갈 자' 이렇게 정해 놓으신 것은 아니라는 것입니다. 하나님께서는 인간의 자유의지를 존중하십니다. 인간이 하나님을 섬길 것인가 말 것인가를 선택할 수 있는 자유를 주셨습니다. 선택에 따른 결과는 생명과 죽음 극과 극이지만 선택을 하나님은 강요하시지 않습니다.

"내가 오늘 복과 저주를 너희 앞에 두나니 너희가 만일 내가 오늘 너희에게 명하는 너희의 하나님 여호와의 명령을 들으면 복이 될 것이요 너희가 만일 내가 오늘 너희에게 명령하는 도에서 돌이켜 떠나 너희의 하나님 여호와의 명령을 듣지 아니하고 본래 알지 못하던 다른 신들을 따르면 저주를 받으리라"(신 11:26~28).

하나님의 예정과 개인의 선택 사이에 사람으로서는 설명할 수 없는 하나님의 지혜와 신비가 있습니다. 분명히 하나님이 선택하셨지만 그 안에는 개인의 선택에 대한 의무와 책임도 들어 있습니다. 예정한 것은 맞지만 인간의 논리와 이성으로 판단할 수 있는 것은 아닙니다.

예정론은 논리적 사고에서 얻은 교리가 아니고 삶의 경험을 통하여 깨닫게 된 신앙고백에 가깝습니다. 예수님을 믿은 후에 자신의 삶의 여정을 돌아보면 분명히 하나님의 보이지 않는 손이 모든 과정에 간섭하고 계셨음을 알게 됩니다. 하나님이 나를 선택하셔서 예수님을 믿게 되었다는 것을 논리적으로 법리적으로 아는 것이 아니고 경험적으로 내적인 어떤 체험을 통하여 알게 됩니다.

그러므로 우리가 하나님이 예수 믿고 구원받을 사람들을 예정해 두셨다는 말씀을 들을 때에는 사람의 논리와 세상에서 일어난 선택과 버림과 같은 관점으로 보아서는 안 됩니다. 분명히 하나님이 믿고 구원받을 자들을 선택하셨지만 그 과정에는 사람의 지혜로는 이해할 수 없는 놀라운 하나님의 깊은 지혜와 신비가 들어 있다는 사실을 기억해야 합니다. 그리고 로마서를 보면 예정론에서 강조하는 것이 믿을 자와 믿지 않을 자를 구별해 두었다는 것을 강조하지 않고 믿는 자들의 구원의 완성을 예정하셨다는 것을 강조합니다.

"하나님께서는 미리 아신 사람들을 택하셔서, 자기 아들의 형상과 같은 모습이 되도록 미리 정하셨으니, 이것은 그 아들이 많은 형제 가운데서 맏아들이 되게 하시려는 것입니다."(롬 8:29).

이 말씀에서 주목할 것은 하나님이 우리를 하나님의 자녀로 선택하신 것은 예수님과 관계가 깊습니다. 예수님이 죄인들을 사랑하셔서 피로 값을 주고 사셨기 때문에 구원받은 백성들을 사랑하십니다. 자녀를 사랑하는 부모들은 자녀가 건전하게 좋아하고 기뻐하는 것을 빼앗지 않습니다. 하나님은 예수님을 사랑하기 때문에 그 분이 사랑하시는 성도들을 끝까지 지켜주시고 보호하십니다. 사랑하는 아들 예수님이 사랑하시기 때문에 사랑하시며 그들의 구원의 완성을 보장하십니다.

그러므로 부르심을 받고 하나님의 자녀가 되고 천국 백성이 된 모든 성도들이 예수님을 본받아 살게 하시려는 계획을 세우셨습니다. 모든 믿는 자들이 예수님의 형상을 닮게 하시려고 예정하셨다는 말씀입니다. '본 받는다'는 말씀은 그리스도와 동일한 형상이나 모양을 의미합니다. 우리의 삶의 태도와 인격이 온전히 그리스도를 닮게 되는 것입니다. 예수님이 완전하고 영원하신 것처럼 우리도 영원히 살게 예정하셨습니다. 세상의 부모들은 아이들이 자신이 좋아하는 고양이나 개가 죽으면 슬퍼할 때 방법이 없습니다. 그러나 하나님은 죽은 자를 살리시는 능력이 있습니다. 예수님을 위하여 죽은 자들을 살려내실 것입니다. 하나님은 그리스도 안에서 구원받는 사람들이 중간에 실패하지 않고 마지막까지 구원의 길을 성공적으로 갈 수 있도록 예정해 두셨습니다.

부르심

하나님께서는 선택하고 예정한 자들을 부르십니다. 전도자들을 통해서 구원의 소식인 복음을 들려주십니다. 복음을 듣는 모든 사람들은 형식적인 부름을 받은 사람들입니다. 복음을 듣고 응답하여서 예수를 믿는 사람들은 '효과적인 부르심'을 받은 사람이라고 합니다. 놀이터에서 친구들과 놀고 있는 아이에게 엄마가 밥 먹게 집으로 오라고 부릅니다. 분명히 엄마의 목소리는 들었지만 엄마의 부르는 소리를 듣고 집으로 가지 않으면 그 아이에게 엄마의 부름은 효과가 없는 것입니다. 그러나 부름을 듣고 집으로 가면 부름의 효과가 있는 것입니다. 이와 마찬가지로 복음을 듣고 예수님을 믿으면 '부르심의 효과'가 나타난 것이고 믿지 않으면 '효과적인 부름'이 아닙니다. 구원하기로 예정한 영혼들은 하나님의 복음을 들으면 효과적으로 응답합니다.

"그리하여 하나님께서는 이미 정하신 사람들을 부르시고, 또한 부르신 사람들을 의롭게 하시고, 의롭게 하신 사람들을 또한 영화롭게 하셨습니다."(롬 8:30).

하나님께서는 진정으로 예수님을 믿고 순종할 자들을 부르셨습니다. 믿는 자들의 마음 속에 하나님의 영을 부으셔서 예수님께 나가도록 인도하셨습니다. 예수님의 부르심에 효과적으로 응답하여 예수님 앞에 나온 것은 전적으로 성령님의 도우심입니다. 성령님이 우리 안에서 역사하셔서 복음을 듣고 믿고 순종하게 하셨습니다.

그리고 부르심에 응답한 사람들은 더 큰 복을 받았습니다. 부르심을 거절한 사람들과 비교해서 세상적으로 여러 가지로 모자라고 부족하고 죄도 많습니다. 하지만 예수님의 은혜를 받은 사람들은 그가 어떤 사람인가가 중요하지 않습니다. 부르심에 응답한 것이 중요합니다. 복음서에 보면 젊어서 고위공무원이 된 젊은 관리가 예수님의 부르심을 받았지만 거절했습니다. 그는 고위관리로 성공하고 재산도 많고 인격도 훌륭했지만 예수님의 부르심을 거절했습니다. 그가 가진 재산이 예수님의 부르심에 응답하지 못하게 막았습니다.

"예수께서 그를 눈여겨보시고, 사랑스럽게 여기셨다. 그리고 그에게 말씀하셨다. '너에게는 한 가지 부족한 것이 있다. 가서, 네가 가진 것을 다 팔아서, 가난한 사람들에게 주어라. 그리하면, 네가 하늘에서 보화를 차지하게 될 것이다. 그리고, 와서, 나를 따라라.'

그러나 그는 이 말씀 때문에, 울상을 짓고, 근심하면서 떠나갔다. 그에게는 재산이 많았기 때문이다."(막 10:21~22).

하지만 그 시대 가장 악인들로 사람 취급을 받지 못했던 세무공무원 마태와 삭개오는 예수님의 부르심에 응답했습니다. 젊은 관리에 비교하면 세상적으로는 비교할 수 없이 모자랐지만 예수님의 부르심에 응답함으로 천국의 복을 받았습니다. 이 책을 읽는 독자들 중에 이미 예수님을 믿기로 결정한 사람들은 예수님의 부르심에 응답하는 복을 받았습니다. 기뻐하고 감사하십시오.

거듭남 _

부르심에 응답하여 예수님께 나가면 믿는 자들에게 하나님의 영을 부어주십니다. 한자로 표현하면 '중생'이라는 말로 다시 태어난다는 뜻입니다. 생명의 영이신 하나님의 영이 우리 안에 들어와서 죽은 영혼에게 새로운 생명을 부어주신 것입니다. 죽지 아니한 영원한 생명이 우리 안에 들어오시게 된 것입니다. 첫 번째 태어날 때에는 어머니 뱃속에서 세상으로 나오지만 두 번째 태어날 때는 하나님의 생명이 내 안으로 들어오는 것입니다.

사람이 처음 태어난 것은 어머니의 태안에서 세상으로 나오는 것입니다. 거듭 난 것은 하나님의 영이 사람 안에 들어오시는 것입니다. 하나님의 영이 믿는 자들 안에 들어오심으로 새 사람이 되는 것을 '거듭남'이라고 말씀합니다. 아담 안에서 죽을 몸으로 태어난 사람들이 예수님 안에서 생명의 영을 받아 영원한 생명을 가진 자로 다시 태어난 것입니다. 죄와 사망의 법의 적용을 받지 않고 생명과 영생의 법의 적용을 받습니다.

"그것은, 그리스도 예수 안에서 생명을 누리게 하는 성령의 법이 당신을 죄와 죽음의 법에서 해방하여 주었기 때문입니다." (롬 8:2)

고려시대나 조선 시대에는 노예의 후손들은 태어날 때부터 노예의 법에 묶여서 태어났습니다. 부모가 노예면 자식은 자동적으로 노예가 되었습니다. 아무리 똑똑하고 재능이 많아도 노예의 올무를 벗

134

어날 수 없었습니다. 몇 번의 노예들의 반란이 있었지만 오히려 노예의 족쇄를 더욱 강화하여 고통만 더해졌습니다. 우리는 그들이 살았던 땅에 살고 있지만 노예의 족쇄를 벗었습니다. 대한민국뿐 아니라 전세계에 많은 사람들이 20세기 들어서 노예의 족쇄를 벗었습니다. 민주주의 헌법이 생기면서 노예의 올무는 녹아내렸습니다. 물론 공산주의 헌법에도 노예제도를 허락하지 않습니다. 노예의 올무가 어떻게 벗겨졌습니까? 노예의 법을 무너뜨리고 무력화시킬 새로운 법이 생기면서 노예의 법이 힘을 잃었습니다.

사도 바울은 인간은 사망의 법에 매여서 모두 죽게 되었는데 새로운 법인 생명의 성령의 법이 제정됨으로 죄와 사망에서 벗어났다고 탄성을 지릅니다. 예수님은 죄의 법에 매여 죽음으로 향하여 가는 인간들을 구원하시기 위하여 성령의 생명의 법을 제정하셨습니다.

"그리스도 예수 안에서 생명을 누리게 하는 성령의 법이 당신을 죄와 죽음의 법에서 해방하여 주었기 때문입니다."

모든 인간은 태어날 때부터 노예의 족쇄와는 비교할 수 없는 엄청난 법에 매여서 태어납니다. 노예들이 소수이기는 하지만 노예에서 평민으로 신분이 바뀐 예가 있습니다. 하지만 죄와 사망의 법에는 단 한 사람에게도 예외가 적용되지 않습니다. 인간은 모두 태어날 때에 죽음의 칼을 목에 달고 태어납니다. 언제 이 칼이 자신의 목숨을 거두어 갈지 아무도 모릅니다. 성경은 인간이 태어날 때 죽음의 칼을 달고 세상에 태어난 것은 인간의 죄 때문이라고 말씀합니다.

"죄의 삯은 죽음이요, 하나님의 선물은 우리 주 예수 그리스도 안에서 누리는 영원한 생명입니다"(롬 6:23).

"사람이 한 번 죽는 것은 정해진 일이요, 그 뒤에는 심판이 있습니다"(히 9:27).

인간은 모두 죄인이고 죄에서 벗어날 길이 없습니다. 사망의 법에 매여 있습니다.

"아, 나는 비참한 사람입니다. 누가 이 죽음의 몸에서 나를 건져 주겠습니까?"(롬 7:24).

예수님이 죄와 사망의 법을 무력화시킬 새로운 법을 제정하셨습니다. 민주주의 국가 헌법이 세워지기 위해서 많은 사람들이 피를 흘렸습니다. 민주주의는 피를 먹고 자란다는 말이 있습니다. 민주주의 헌법을 만들기 위해서 많은 사람들이 피의 희생을 치렀습니다. 그리고 그 법 때문에 수천 년간 인간을 묶고 있던 노예의 법에서 해방되었습니다. 이와같이 예수님은 죄인들을 위하여 십자가에 달려 죽으심으로 죄와 사망의 법을 무력화시킬 생명의 성령의 법을 제정하셨습니다.

죽음의 원인이 되는 죄에서 용서받을 길을 인간들에게 열어주셨습니다. 죽음의 원인이 된 죄에서 용서함을 받은 사람들은 죽음을 이기고 영생을 얻게 되었습니다.

"예수께서 그에게 말씀하셨다. '나는 길이요, 진리요, 생명이다.' 나를 거치지 않고서는, 아무도 아버지께로 갈 사람이 없다."(요 14:6).

예수 안에 생명이 있습니다. 그러므로 예수님을 믿는 사람들은 죄 사함을 받고 생명을 선물로 받습니다. 율법은 선한 것이지만 인간은 아무도 율법을 완벽하게 지킬 수 없기 때문에 선한 율법이 인간의 죄를 드러나게 합니다. 그러나 예수님은 율법의 모든 조건을 성취하셨습니다. 율법의 요구를 만족시킨 예수님을 통하여 죄를 용서받습니다. 용서받은 자들에게 생명의 영이신 성령님이 임하십니다. 온 우주에 죽음에서 부활하셔 영원히 살아계신 예수님 외에 참 생명은 없습니다. 언젠가 끝이 있는 생명을 생명이라고 말할 수 없습니다. 그 생명 안에서 죽음이 자라고 있기 때문입니다. 오직 예수님 안에만 참 생명이 있습니다. 예수님을 믿으면 죄와 사망의 법에서 벗어나 예수님이 십자가에 피 흘려 세우신 성령의 생명의 법을 적용받습니다. 이 놀라운 사실에 감격하고 기뻐하고 감사해야 합니다.

회개 _

하나님의 영이 사람의 영혼에 들어와서 새 생명을 얻으면 죄를 떠나서 하나님께로 돌이키게 됩니다. 회개는 방향전환입니다. 사단과 세상으로 향하던 마음이 하나님께로 방향을 바꾸는 것을 회개라고 합니다. 회개의 가장 중요한 부분은 주인을 바꾸는 것입니다. 이제까지 사단의 종과 죄의 종으로 살아온 사람이 이제 의에 종과 예수님의 종으로 사는 것이 진정한 회개입니다.

"형제자매 여러분, 나는 율법을 아는 사람들에게 말을 합니다. 율법은, 사람이 살아 있는 동안에만 그 사람을 지배한다는 것을 알지 못합니까? 결혼한 여자는, 그 남편이 살아 있는 동안에는 법으로 남편에게 매여 있으나, 남편이 죽으면 남편의 법에서 풀려납니다. 그러므로 남편이 살아 있는 동안에 그 여자가 다른 남자에게로 가면, 그 여자는 간음한 여자라는 말을 듣게 됩니다. 그러나 남편이 죽으면 그 법에서 해방되는 것이므로, 다른 남자에게로 갈지라도 간음한 여자가 되지 않습니다. 나의 형제자매 여러분, 그러므로 여러분도 그리스도의 몸으로 말미암아, 율법에 대해서는 죽임을 당했습니다. 그래서 여러분은 다른 분, 곧 죽은 사람들 가운데서 살아나신 그분에게 속하게 되었습니다. 그것은 우리가 하나님을 위하여 열매를 맺게 하기 위함입니다. 이전에 우리가 육신을 따라 살 때에는, 율법으로 말미암아 일어나는 죄의 욕정이 우리 몸의 지체 안에서 작용해서, 죽음에 이르는 열매를 맺었습니다. 그러나 지금은, 우리를 옭아맸던 것에 대하여 죽어서, 율법에서 풀려났습니다. 그래서 우리는 문자에 얽매인 낡은 정신으로 하나님을 섬기지 않고, 성령이 주시는 새 정신으로 하나님을 섬깁니다."(롬 7:1~6)

이 말씀을 이해하기 위해서는 유대인들의 이혼에 관한 법률을 알아야 합니다. 로마서가 쓰여질 당시 유대인들의 법에는 남자들만 이혼할 수 있었습니다. 여자들은 이혼할 수 없었습니다. 여자들은 이혼은 꿈도 꿀 수 없었습니다. 더구나 도덕적으로 흠결이 없지만 아내를 인격적으로 대하지 않고 집안의 종처럼 부리는 남편에게서 벗어나는 길이 없었습니다. 그러나 죽으면 이런 남편에게서 벗어날 수 있었습니다. 죽으면 남편은 더 이상 아내에 대한 권리가 없습니다.

"결혼한 여자는, 그 남편이 살아 있는 동안에는 법으로 남편에게 매여 있으나, 남편이 죽으면 남편의 법에서 풀려납니다. 그러므로 남편이 살아 있는 동안에 그 여자가 다른 남자에게로 가면, 그 여자는 간음한 여자라는 말을 듣게 됩니다. 그러나 남편이 죽으면 그 법에서 해방되는 것이므로, 다른 남자에게로 갈지라도 간음한 여자가 되지 않습니다."(롬 7:2~3).

율법은 냉혈한처럼 법은 정확하게 지키고 실수가 없지만 애정과 사랑과 용서는 없는 남편과 같습니다. 법을 지키는 데는 흠이 없지만 인간성은 전혀 없습니다. 애정도 없습니다. 율법대로 살려고 노력하면 할수록 더 높은 수준의 실천을 요구했습니다. 그러나 우리가 예수님이 십자가에 죽을 때에 함께 죽음으로 율법의 올무에서 벗어났습니다. 율법에 대해서 죽었습니다. 실수와 허물은 없지만 냉혈한인 율법에서 벗어났습니다.

"세례를 받아 그리스도 예수와 하나가 된 우리는 모두 세례를 받을 때에 그와 함께 죽었다는 것을 여러분은 알지 못합니까?"(롬 7:3).

예수님이 인간의 모든 죄의 대가를 치르시기 위하여 십자가에 죽으실 때 우리도 함께 죽었습니다. 죽음으로 율법에서 벗어나서 이제는 예수님과 결혼하게 되었습니다. 예수님의 긍휼과 사랑의 법 아래 살게 되었습니다. 율법이 죄를 부추기는 역할을 어느 정도 했습니다. 왜냐하면 사람들은 하지 말라 하면 더욱 하고 싶은 욕망이 일어나기 때문입니다. 아담과 하와에게 선악과를 먹지 말라고 말씀하셨는데 그 명령이 호기심을 부추겨서 사단의 꼬임에 넘어가는 데 일조했습니다.

그러나 이제 예수님과 함께 죽고 예수님과 함께 살아서 예수님과 결혼하게 되었습니다. 사람에게 가장 큰 동기 유발을 시키는 것은 누군가의 죽음입니다. 전두환 군부독재 때에 서울대생 박종철의 죽음이 많은 대학생들이 목숨을 걸고 독재에 맞서게 만들었습니다. 우리는 예수님의 죽음과 함께 내가 죽음으로 죄와 싸우고 죄를 이기고자 하는 강력한 열망을 얻게 되었습니다.

"그러나 지금은, 우리를 옭아맸던 것에 대하여 죽어서, 율법에서 풀려났습니다. 그래서 우리는 문자에 얽매인 낡은 정신으로 하나님을 섬기지 않고, 성령이 주시는 새 정신으로 하나님을 섬깁니다."(롬 7:6).

긍휼과 자비가 없는 율법이란 남편에게서 예수님과 함께 십자가 죽음으로 벗어났습니다. 긍휼과 사랑과 용서가 있는 예수님과 결혼하였습니다. 세상과 육신에 매여 살던 사람이 예수님의 말씀과 성령에 매여서 살게 됩니다. 세상에서 하나님께로 방향을 전환한 것이 회개입니다.

두 마음

마 문 철

아브라함의 종 엘리에셀은 아들이 없는 주인이 상속 문제로 고민 할때 함께 안타까워 했지만 종인 자신이 상속자가 된다는 것은 꿈에도생각지 못했는데 어느 날 주인의 입에서 "나는 자식이 없사오니 나의상속자는 엘리에셀이니이다." 라는 말을 듣는 순간 '상속'이란 말이 그를 괴롭혔다.

사라의 몸종 하갈에게서 이스마엘이 태어나자 더 이상 '상속'이란 헛된 꿈은 잊혀져 가고 있었는데 아내 사라의 반대로 아브라함이 이스라마엘을 상속자로 지정하는 것을 결단하지 못하고 고민하고 있는 것을보고 "상속자는 이 다메섹 사람 엘리에셀이니이다."

주인의 말이 생각나고 고 '혹시나' 하는 생각이 그를 괴롭혔다.

전엔 오직 한 가지 주인 부부 사이에

빨리 아들이 태어나기를 바라는 소원만 있었는데

주인의 마음을 알고 난 이후 작은 욕심이 생기자
주인을 향한 충성은 주인과 주인의 재산 둘로 나뉘어졌으니
주인이 아이를 갖기를 바라는 마음과 자신에게 행운이 찾아오기를 바라는 두 마음이 존재했다. 주인의 적자인 이삭이 태어나자 '상속의 희망'은 사라졌다.

어려서 아브라함의 종이 되어 백발이 되기까지 아브함의 집에 살면서 만난 분, 아브라함이 자신의 생명보다 귀하게 여기는 여호와 하나님, 바로 그분에게 간절히 기도드렸다.

"나는 종입니다. 내 생애 끝까지 종으로 충성하게 하소서"
엘리에셀은 종의 자세를 다시 한번 가다듬었다.

종의 사명은 주인의 기쁨을 자신의 기쁨으로 삼는 것
집안의 모든 것은 주인의 소유이고 종은 관리인일 뿐이다.
아브라함은 나의 주인님이시고 나는 그분의 종이다.
주여! 종의 자세를 잃어버린 이 죄인을 용서하소서.
언제부턴가 하나님이 맡겨주신 재물과 재능 내 것으로 착각했고
주님의 이름을 높이기보다는 내 이름을 높이고
주님이 기뻐하시는 일보다 내가 기뻐하는 일을 하고 살고 있습니다.
예수님은 나의 주인이시고 나는 주님이 피로 값주고 사신 종입니다.
절반이 아닌 전부를 드려 온전한 주님의 종으로 살게 하소서.

10

구원의
완성에
이르는 과정(2)

제10장. 구원의 완성에 이르는 과정(2)

신 앙(믿음)_

하나님의 영이 들어와서 거듭나고 죄와 악에서 돌이켜 하나님께로 방향을 전환하는 것이 회개입니다. 회개하면 성령님이 들어오셔서 일하게 됩니다. 성령님의 도우심으로 하나님의 존재하심을 믿고 나의 삶을 하나님께 맡기고 구원의 확신을 갖게 됩니다. 그러니까 우리의 신앙의 대상인 하나님을 믿는 것이 신앙입니다.

"이것은 성경에 기록된 대로 '내가 너를 많은 민족의 조상으로 세웠다'함과 같습니다. 이 약속은, 그가 믿은 하나님, 다시 말하면, 죽은 사람들을 살리시며 없는 것들을 불러내어 있는 것이 되게 하시는 하나님께서 보장하신 것입니다."(롬 4:17).

성도들이 믿음에 관해서 가장 큰 오해를 하는 부분이 어떤 사건을 믿는 것을 믿음으로 생각하는 것입니다. 예를 들면 병이 들었을 때 기도하면 병이 나을 것이라는 확신이 들면 믿음이 있다고 생각합니다. 돈이 없을 때에 기도하면 돈이 생길 것이라는 감정적인 확신이 드는 것을 믿음으로 생각합니다. 마음에 확신이 들지 않으면 믿음이 없다고 생각합니다. 이것은 내가 원하는 어떤 사건이 일어날 것이라는 확신을 믿음으로 생각하는 것입니다.

그러나 아브라함의 믿음은 자신이 원하는 대로 어떤 일이 진행되며, 어떤 사건이 일어날 것이라는 확신이 아니었습니다. 오히려 아브라함은 이런 확신이 없었습니다. 아브라함이 100세 때 그의 부인 사라가 90세 때에 하나님께서 1년 후에 아들이 태어날 것이라고 약속하셨습니다. 두 사람은 죽었다 깨어나도 아이를 얻을 수 없는 나이였습니다. 두 사람 사이에 아이가 생길 것이라는 확신은 전혀 없었습니다.

두 사람 사이에 아이를 가질 수 없다는 부정적인 확신을 가졌지만 아브라함은 하나님을 믿었습니다. 아이가 생길 것이란 확신이 전혀 없었지만 자신들의 부정적인 확신과 상관없이 하나님은 하나님이시기 때문에 할 수 있다고 믿었습니다. 하나님의 전능하심을 믿는 믿음은 도저히 일어날 수 없다고 확신이 드는 일을 자신들의 확신과 상관없이 하나님께서 이루실 것이라고 믿었습니다. 믿음은 감정적인 확신이 아닙니다. 인간의 이성으로 도저히 믿을 수 없어 부정적인 감정으로 가득 차 있지만 살아계신 하나님을 믿고 부정적인 감정을 넘어서는 것이 믿음입니다.

　내가 원하는 사건이 일어날 것이라는 마음의 확신이 믿음이 아닙니다. 이런 확신이 없다고 자신이 믿음이 없다고 생각해서는 안 됩니다. 전혀 확신이 들지 않지만 하나님은 살아계시고 전능하신 분이시기 때문에 할 수 있다는 것을 믿는 것이 믿음입니다. 즉 하나님의 능력을 믿는 것이 믿음입니다. 예수님께서는 분명히 우리의 믿음의 근원은 하나님이시라고 선포하셨습니다.

　"예수께서는 그들에게 말씀하셨다. 하나님을 믿어라."(막 11:22).

　아브라함이 믿는 것은 죽은 자를 살리시는 믿음이었습니다. 아브라함의 믿음의 근원이 되시는 하나님은 다음과 같은 분이었습니다. 그는 살아계신 참 하나님이었습니다. 그분은 전능하시고 모든 능력을 소유하고 계시며, 죽은 것에 생명을 불어넣으시는 능력의 하나님이었습니다. 그 약속이 아무리 불가능하게 보여도, 그분은 모든 능력을 소유하신 전능하신 하나님이시기 때문에 모든 것을 이루실 수 있습니다.

　아브라함의 믿음의 근원은 바로 창조주 하나님이었습니다. 하나님은 하나님이시기에, 즉 전능하시기에 창조하실 수 있습니다. 그분은 무로부터 유를 만들어 내실 수 있습니다. 그분은 창조하는 데 필요한 것은 아무것도 없습니다. 그분은 세상을 창조하실 때와 똑같이 말씀으로 모든 것을 존재케 하실 수 있습니다. 아브라함은 이것을 믿었습니다. 그는 하나님께서 필요하시다면 그와 그의 아내 사라의 몸에 생명을 잉태케 하실 수 있음을 믿었습니다. 아브라함은 하나님의 약속을 신뢰하고 믿었습니다. 하나님이 바로 그의 믿음의 원천이었던 것입니다.

오늘날 우리도 부활과 천국에 대한 마음의 확신이 없는 것에 대해서 너무 염려할 필요가 없습니다. 아브라함도 하나님이 100세가 넘은 자신에게 아들을 주실 것이라는 확신이 없었습니다. 절대 일어날 수 없다는 부정적인 확신만 있었습니다. 그러나 아브라함은 하나님이 전능하신 분이시며 약속을 꼭 지키시는 분이라는 것을 믿었습니다. 아브라함은 할아버지 할머니가 된 자신과 사라 사이에 아들이 태어날 것이라는 감정적인 확신이 생기지 않았습니다. 그러나 무엇이든지 할 수 있는 전능하신 하나님을 믿고 마음 속에 일어나는 의심과 불신앙을 이겼습니다. 부활과 천국은 사람의 이성으로 믿을 수 없습니다. 그러나 우리의 신앙의 궁극적인 목적은 부활과 천국입니다. 부활과 천국에 대하여 의심이 들고, 회의가 들 때에 우리는 하나님을 믿어야 합니다. 하나님은 전능하신 하나님이시고 죽은 자를 살리시는 하나님이시기 때문에 반드시 부활하여 천국에 이르게 될 것이다. 라고 자신에게 크게 말해야 합니다. 믿음은 내가 원하는 일이 이루어질 것이란 감정적인 확신이 아닙니다. 확신할 수 없는 일을 전능하신 하나님은 할 수 있다고 하나님을 믿는 것이 믿음입니다.

칭 의 _

'칭의'란 말은 중요합니다. 우리가 의인이 아니지만 의인으로 인정해 주셨다는 말씀입니다. 예수님을 믿으면 우리가 여전히 죄인이지만 예수님의 의가 우리에게 전달되었기 때문에 죄인들을 의인들로 간주해 줍니다. '칭의'는 자신의 공로나 도덕적인 선함 때문에 얻는 것이 아닙니다. 예수님이 십자가에서 흘리신 보혈의 공로로 얻는 것입니다. 칭의를 얻기 위해서 사람이 할 수 있는 것은 믿는 것밖에 없습니다. 칭의란 말씀은 의가 사람의 선함과 정직함과 신실함에서 온 것이 아니고 십자가에서 나온 하나님의 의를 인간들에게 주셨다는 말씀입니다.

"하나님께서는 이 예수를 속죄제물로 내주셨습니다. 그것은 그의 피를 믿을 때에 유효합니다. 하나님께서 이렇게 하신 것은, 사람들이 이제까지 지은 죄를 너그럽게 보아주심으로써 자기의 의를 나타내시려는 것이었습니다. 하나님께서 오래 참으시다가 지금 이 때에 자기의 의로우심을 나타내신 것은, 하나님은 의로우신 분이시라는 것과 예수를 믿는 사람은 누구나 의롭다고 하신다는 것을 보여 주시려는 것입니다."(롬 3:25-26).

로마인들이 가장 흉악한 범죄를 저지른 죄인들을 십자가에 매달아 죽였습니다. 예수님이 십자가에 죽으신 것은 가장 흉악한 범죄자들이 받을 벌을 받으신 것입니다. 그런데 성경은 사형 형틀인 십자가가 나무로 만들어졌다는 데 주목합니다. 왜냐하면 구약성경에 나무에 달려 죽은 자들은 저주받은 자라고 기록되었기 때문입니다.

"그 시체를 나무 위에 밤새도록 두지 말고 그 날에 장사하여 네 하

나님 여호와께서 네게 기업으로 주시는 땅을 더럽히지 말라 나무에
달린 자는 하나님께 저주를 받았음이니라"(신 21:23).

원래 구약의 율법에 사람이 범죄하면 돌로 떠려 죽였습니다. 하지
만 저주받은 흉악한 범죄자들은 나무에 매달아 죽였습니다. 죄인들
의 발이 땅에 닿으면 거룩한 땅을 더럽힌다고 생각했기 때문입니다.
바리새인들과 유대 종교지도자들이 예수님을 돌로 쳐서 죽여도 로
마인들은 크게 관심을 갖지 않았습니다. 구태여 그들이 예수님을 빌
라도에게 데리고 가서 십자가형에 처해달라고 빌라도에게 요구한
것은 '나무에 달린 자는 하나님께 저주를 받았음이니라' 이 성경구
절 때문입니다. 대중들이 의로운 사람으로 믿고 따르는 예수님을 사
형을 시키는 것은 그들에게도 큰 부담이었습니다. 십자가에 달려 죽
게 하여 예수는 우리가 죽인 것이 아니고 하나님의 저주를 받아 죽
였다고 주장하기 위해서였습니다.

유대 종교지도자들은 자신들의 악을 덮으려고 예수님을 나무에
달려 죽게 했지만 하나님은 이 저주받은 죽음을 통하여 모든 저주받
은 자들을 구원하셨습니다. 베드로는 예수님은 나무에 달려 모든 인
간들의 죄를 담당하셨다고 말씀하고 있습니다.

"친히 나무에 달려 그 몸으로 우리 죄를 담당하셨으니 이는 우리
로 죄에 대하여 죽고 의에 대하여 살게 하려 하심이라 그가 채찍에
맞음으로 너희는 나음을 얻었나니"(벧전 2:24).

예수님은 인간이 받을 저주를 대신 짊어지시고 십자가에서 죽으
셨습니다. 구약시대에 죄를 지으면 사람 대신 소나 양의 생명으로

속죄제와 화목제를 드렸습니다. 소나 양의 피가 죄를 속하는 능력이 없습니다. 장차 예수님께서 오셔서 피의 제사를 드릴 것을 예표합니다. 과거에 사람들은 이것을 자기앞 수표를 발행하는 것이라고 설명했습니다. 어음이나 수표는 돈은 아닙니다. 하지만 앞으로 돈을 지불하겠다는 가장 믿을만한 약속입니다. 소나 양의 피로 인간의 죄가 사함 받지 못합니다. 예수님이 인간들을 위하여 피 흘려 죽으실 것을 예상하고 어음으로 지불한 것입니다. 예수님이 십자가에서 피 흘려 죽으시지 않았으면 구약시대에 모든 제사는 공수표가 됩니다. 하나님이 죄인들에게 주신 의는 나무에 달려 저주받아 죽으신 예수님의 죽음에서 왔습니다.

하나님은 뭐든지 다 하실 수 있는 권세와 능력이 있습니다. 하지만 하나님은 의로우신 분이기 때문에 죄를 짓고 사형선고를 받은 사람들의 죄를 그냥 사면해 줄 수 없었습니다. 그러므로 예수님은 죄인들을 위하여 십자가에 죽으셔서 그들의 모든 죗값을 치러주신 이후에 그들의 죄를 용서하셨습니다. 그러므로 죄인들의 죄를 사면해 주시기 위하여 십자가에 죽으신 것은 하나님이 의로우신 분인 것을 증명합니다. 그리고 예수님의 십자가의 보혈의 능력을 믿는 사람들은 그 믿음으로 누구나 의롭게 되는 복을 받습니다. 의로우신 예수님의 보혈의 능력이 크기 때문에 누구나 그 보혈의 능력을 믿는 사람들은 구원을 받습니다.

예수님은 십자가에서 갚을 수 없는 빚을 갚으셨습니다. 죄인들이 받을 형벌을 대신 받았습니다. 죄에 팔려 노예가 된 자들을 피로 값 주고 해방시키셨습니다.

성 화 _

예수님을 구주로 믿고 마음속에 모시면 그의 삶이 예수님을 닮아 가게 됩니다. 이것은 점진적으로 이루어지며 인간의 노력과 하나님의 도우심으로 됩니다. 내 지성과 감정에 의해 지배받지 않고 성령님의 지배를 받는 삶입니다. 내 대신 예수님이 내 안에서 모든 일에 반응하게 됩니다. 예수님을 믿고 구원을 받는 데는 어떤 선함과 공로가 필요하지 않습니다. 하지만 구원 받은 다음에는 예수님의 삶의 모습을 닮아가야 합니다. 우리는 그리스도의 순결한 신부로 살아야 합니다. 예수 믿기 전에 나는 죽고 예수님 안에서 새 사람으로 태어나야 합니다.

"우리가 그리스도와 함께 죽었으면, 그와 함께 우리도 또한 살아날 것임을 믿습니다. 우리가 알기로, 그리스도께서는 죽은 사람들 가운데서 살아나셔서, 다시는 죽지 않으시며, 다시는 죽음이 그를 지배하지 못합니다. 그리스도께서 죽으신 죽음은 죄에 대해서 단번에 죽으신 것이요, 그분이 사시는 삶은 하나님을 위하여 사시는 것입니다."(롬 6:8~10)

자동차에 과일이나 생선을 싣고 골목마다 돌아다니면서 파는 분들이 있습니다. 이런 분들 가운데 양심이 불량한 사람들이 있습니다. 겉보기에 그럴싸한 나쁜 물건을 비싸게 팔고 갑니다. 그들은 뜨내기들이라 고객들을 두 번 다시 만날 일이 없기 때문입니다. 다시 만날 사람들에게 그렇게 하지 못합니다. 고객은 물건이 나빠도 떠난 자동차는 다시 오지 않기 때문에 물건을 교환할 수도 없고 무를 수도 없습니다.

또한 해수욕장이나 많은 사람들이 지나가는 가판대에 물건을 파는 사람들도 위에는 좋은 것을 얹고 아래는 나쁜 것을 깔아놓고 파는 사람들이 있습니다. 왜 정직하지 못하게 눈속임을 하면서 장사를 합니까? 손님들이 뜨내기들이라 한 번 보고 두 번 볼 가능성이 없는 사람들입니다.

항상 얼굴 마주하고 사는 사람들에게는 절대로 나쁜 물건을 좋은 물건으로 속여서 팔 수 없습니다. 위에만 좋은 것을 얹고 아래에는 나쁜 물건을 깔아두는 일도 할 수 없습니다. 소비자가 이 사실을 발견하면 즉시 교환하러 올 것입니다. 만일 교환이나 환불을 해주지 않으면 다시는 그 고객에게 물건을 팔수 없게 됩니다. 한 번 보고 다시 볼 가능성이 없기 때문에 이런 속임수가 가능합니다

예수 믿은 후에 예수님처럼 거룩하게 살고자 노력해야 하는 이유가 여기 있습니다. 예수님은 부활하셨고 하늘에 계시며 지금 영으로 우리와 함께 계십니다. '우리가 그리스도와 함께 죽었으면, 그와 함께 우리도 또한 살아날 것임을 믿습니다.' 그리고 장차 우리가 죽으면 그 분과 더불어 영원히 함께 살 것입니다. 주님과 더불어 영원히

살아갈텐데 한 번 보고 보지 않을 것처럼 살 수 없습니다. 우리는 부활하신 예수님과 영원히 살아가야 합니다. 로마서6장은 로마서 2~5장에 오직 예수님을 믿음으로 말미암아 구원을 얻는다는 진리를 설명한 다음에 거기에 따른 부작용을 방지하기 위해서 주신 말씀입니다. 무슨 죄를 짓든지 용서받고, 죄가 많을수록 큰 은혜를 받을 것이니, 마음대로 죄를 짓고 살자고 말하는 사람들이 생길 것을 예상하고 주신 말씀입니다. 우리는 세례를 받고 옛사람은 죽었고 새사람이 되었기 때문에 구원받은 사람이 죄를 지어서는 안 됩니다. 예수님이 우리를 죄에서 해방시킨 목적이 하나님 앞에 거룩하게 살게 하셨기 때문에 의도적으로 죄를 지어서는 안 됩니다. 로마서 6:8~10절은 다른 이유를 말씀합니다. 믿음으로 말미암아 의롭게 된 사람들은 예수님처럼 부활할 것입니다. 그리고 부활하신 예수님과 더불어 영원히 살게 될 것입니다.

"이제는 우리 구주 그리스도 예수께서 나타나심으로 환히 드러났습니다. 그리스도께서는 죽음을 폐하시고, 복음으로 생명과 썩지 않음을 환히 보이셨습니다."(딤후 1:10).

"이 자녀들은 피와 살을 가진 사람들이기에, 그도 역시 피와 살을 가지셨습니다. 그것은, 그가 죽음을 겪으시고서, 죽음의 세력을 쥐고 있는 자 곧 악마를 멸하시고, 또 일생 동안 죽음의 공포 때문에 종노릇하는 사람들을 해방시키시기 위함이었습니다."(히 2:14-15).

믿는 자들은 하나님과 더불어 영원히 살아갈 것입니다. 영원히 주님과 더불어 살아갈 사람들이 한 번 보고 다시 안 볼 사람들처럼 죄를 짓고 살아서는 안 됩니다. 70년대에 사우디에 남편이 돈을 벌러 가고 부인 혼자서 몇 년을 지내는 분들이 있었습니다. 남편은 열사의 나라에 가서 죽을 고생을 하는데 남편이 보내는 돈으로 바람을 피우고 나쁜 짓 하는 여인들이 있었습니다. 이 사람들은 남편이 귀국하는 날이 기쁘고 행복한 날이 아니고 두렵고 떨리는 날이었습니다. 우리가 예수 믿은 후에 말씀대로 살지 않고 죄를 짓고 살면 그 여인들처럼 예수님 만나는 날이 기쁜 날이 되지 못하고 두려운 날이요 불행한 날이 될 것입니다. 예수님을 믿고 거룩하신 하나님의 자녀가 된 성도는 거룩하게 살아야 합니다. 예수님은 한번 보고 말 분이 아닙니다. 그 분과 더불어 영원히 살아가야 합니다. 그러므로 예수님이 싫어하시는 죄를 짓고 살 수 없습니다. 땅에 사는 동안 장차 예수님을 뵐 때 부끄럽지 않게 살아야 합니다.

영 화 _

예수님을 진실로 믿는 사람들에게는 마지막 승리가 보장됩니다. 하나님의 영이 우리 안에 들어오셔서 끝까지 신앙을 지킬 수 있도록 붙들어 주시고 힘을 주십니다. 그러므로 한 번 구원 받은 사람들은 천국 갈 때까지 그들의 믿음과 삶을 하나님이 지켜주십니다.

"하나님께서는 미리 아신 사람들을 택하셔서, 자기 아들의 형상과 같은 모습이 되도록 미리 정하셨으니, 이것은 그 아들이 많은 형

154

제 가운데서 맏아들이 되게 하시려는 것입니다. 그리하여 하나님께서는 이미 정하신 사람들을 부르시고, 또한 부르신 사람들을 의롭게 하시고, 의롭게 하신 사람들을 또한 영화롭게 하셨습니다."(롬 8:29~30).

하나님이 인간을 구원하신 목적은 구원의 완성에 이르게 하는 것입니다. 구원의 완성은 천국의 주인 되시는 예수님의 성품과 인격을 닮게 하시는 것입니다. 허물과 실수가 많은 연약한 인간이지만 예수님께 자신의 삶을 맡기고 의지하면 성경님께서 온전한 그리스도인이 되게 이끄십니다. 하나님이 구원하시면 구원의 목적을 사람이 이루는 것이 아니고 하나님 자신이 이루신다는 말씀입니다. 이와 같은 원리를 빌립보서에도 말씀하십니다.

"너희 안에서 착한 일을 시작하신 이가 그리스도 예수의 날까지 이루실 줄을 우리는 확신하노라"(빌 1:6).

하나님이 저주받아 영원히 지옥에 갈 영혼들을 부르셔서 변화시켜 하나님의 영화에 이르도록 그들의 삶을 인도하신다는 말씀입니다. 하나님은 그렇게 하실 수 있는 능력과 지혜가 있습니다. 하나님께서는 진정으로 예수님을 믿고 순종할 자들을 부르셨습니다. 믿는 자들의 마음 속에 하나님의 영을 부으셔서 예수님께 나가도록 인도하셨습니다. 믿는 자들은 하나님의 부르심에 응답하였습니다. 하나님은 예수님의 부르심에 응하고 거절할 선택권을 사람에게 주었습니다. 감사한 것은 예수님의 부르심을 거절하지 않고 응답하여 예수님께 나온 것입니다. 예수님은 부르심에 효과적으로 응답하여 선한 결과를 얻었습니다.

하나님은 부르심에 응답한 사람들을 의롭게 하시고 그들을 영화롭게 하셨습니다. 부르시고, 의롭게 하고, 영화롭게 하신다는 말씀은 모두 헬라어 문법으로 과거 완료형으로 표현했습니다. 세상에 있는 동안 아직은 어설프고 부족한 점이 많지만 끝에 가서 결국 영화롭게 되는 자리에 나아가게 될 것이 확실하기 때문에 이미 완료된 것으로 표현합니다. 부르심에 응답한 순간 구원의 완성을 보장받습니다.

믿고 구원받은 사람들은 부르심에 응답하는 그 순간 모든 구원이 완성되었습니다. 왜냐하면 그들의 구원의 완성을 하나님께서 책임지시기 때문입니다. 예수 믿고 승리한 사람들은 이미 승리한 스포츠 경기 중계를 보는 것과 같습니다. 이미 이긴 경기를 보면 중간에 아슬아슬한 순간이 있고 중간에 점수를 내줘서 패색이 짙을 때도 있습니다. 하지만 안심합니다. 이미 이겼다는 결과를 알고 있기 때문입니다. 하나님의 부르심에 응답한 그 순간 믿는 자들은 이미 하나님 안에서 승리를 거두었습니다. 마지막 승리를 하나님이 보장하시기 때문입니다. 믿는 자들은 세상에 사는 동안 아무리 큰 실패를 하고, 도저히 헤어날 수 없는 깊은 늪에 빠져도 그는 하나님의 자녀입니다. 그러므로 힘에 부쳐서 넘어지고 쓰러져도 때로는 부끄러워 얼굴을 들 수 없어도 다시 일어나 예수님의 이름으로 다시 시작해야 합니다. 복음찬송가 가사대로 예수의 이름으로 일어나야 합니다. 이미 승리자로 확증되어 하늘의 트로피에 이름이 새겨져 있기 때문입니다. 전능하신 하나님께서 최종 승리를 보장하셨기 때문입니다.

기 도

　살아계신 하나님아버지. 저 ○○○는 죄인입니다. 이때까지 제가 어디에서 와서 왜 살며 어디로 가는지 알지 못하고 방황하며 살아왔습니다. 오늘 하나님의 부르심을 받고 회개하고 돌아섭니다. 예수님의 보혈로 저를 씻어 주십시오. 죄 때문에 심판받고 지옥 갈 수밖에 없지만 예수님께서 나의 죄를 대신 지고 십자가에 못 박혀 죽으시고 부활하심을 믿고 감사드립니다. 이제 이 큰 은혜의 사랑을 주신 예수 그리스도를 저의 구주로 영접하오니 제 마음에 오셔서 저의 삶의 주인이 되어주시고 지금부터 영원토록 주님과 함께 살기를 원합니다. 나의 죄를 예수님의 십자가의 보혈로 씻어 주시니 감사합니다. 이때까지 나를 다스려왔던 악한 사단들과의 관계를 예수님의 이름으로 끊고 더 이상 사단이 나와 상관없는 것을 예수님의 이름으로 선포합니다. 성령님의 도우심으로 이제 하나님 아버지의 자녀가 되었사오니 감사합니다. 나를 구원하여 주시니 감사합니다. 예수님 이름으로 기도 합니다. 아멘!

하나님이 챙겨 준 여인

마 문 철

사위 야곱과 거래를 끝낸 라반은 만족한 결과에 뛸 듯이 기뻤다.
고객이 상품 취급도 안한 것을 고객이 어떤 값에라도 구입의사가 있는
최상품 물건과 같은 값에 파는 행운을 얻었기 때문이다. A급 물건을 최
고가에 팔고 같은 값에 B급 상품도 끼워 팔았으니 최고의 거래였다. 라
반은 꾀를 내어 야곱이 목숨을 주고라도 소유하고 싶은 라헬을 팔면서
야곱이 별로라고 생각한 레아를 같은 값에 끼워 파는 데 성공했다. 라헬
에 대한 지참금으로 7년 간 야곱의 노동력을 착취한 후 첫날밤 그의 침
실에 라헬 대신 첫째 딸 레아를 넣고, 둘째 딸 라헬을 같은 값에 다시 팔
았다. 이 불공정한 거래에 야곱은 분노했지만, 야곱도 손해만 보는 장사
는 아니었다. 원가의 두 배의 값을 치렀지만 원하는 것을 얻었다. 이 거
래에 최대의 피해자는 라반의 큰 딸 레아였다. 아버지 재산을 늘리는 데
도구로 사용되었으며, 남편으로부터는 평생 냉대를 받았다. 아버지에

158

게는 배신당하고 남편에게는 외면당했다. 레아는 못 난 얼굴로 미모가 뛰어난 동생 라헬과 평생 야곱의 사랑을 차지하려 경쟁하였다. 그러나 남편 야곱의 사랑을 차지하는 데는 끝내 실패했다. 야곱은 라헬이 죽어서도 그 사랑을 레아에게 주지 않고, 라헬의 소생 요셉에게 주었다.

레아의 불행의 근본적인 원인은 하나님이 제공하셨다. "레아는 눈매가 부드러웠지만, 라헬은 몸매도 아름답고 용모도 예뻐서 야곱은 라헬을 더 좋아하였다." 레아는 하나님이 주신 외모 때문에 평가절하 되었다. 모든 남자들의 선망의 대상이 되는 미녀로 태어나고 싶지 않는 여인은 어디 있겠는가? 그러나 레아는 미인으로 태어나지 못했다. 하지만 못생겨서 아버지에게 이용당하고 남편에게 외면당한 레아를 챙기는 분이 계셨다. "여호와께서 레아가 사랑 받지 못함을 보시고 그의 태를 여셨으나 라헬은 자녀가 없었더라." 야곱이 라헬을 위해서 뜻을 다하고 마음을 다하고 힘을 다하여 챙겨 주었지만 야곱이 줄 수 없는 것이 있었다. "야곱이 라헬에게 화를 내며 '내가 하나님이오? 당신이 아이를 낳을 수 없게 하시는 분은 그 분이 아니오?'" 사람이 챙겨준 자와 하나님이 챙겨준 자의 차이는 상상을 초월하다. 야곱이 챙겨준 라헬은 그렇게 바라던 둘째 아들이 태어났을 때에 죽었다. 하나님이 챙겨준 레아는 이집트에 총리가 된 라헬의 아들 요셉이 평생 봉양했다. 하나님이 챙겨준 레아는 그의 아들 레위는 제사장 지파의 조상이 되었고, 유다는 왕의 조상이 되었고 이 땅에 메시아가 오실 때에 그의 족보를 빌려서 오셨다. 부모를 잘못 만나서, 좋은 유전자를 가지고 태어나지 못해서, 좋은 배필을 만난 행운을 얻지 못하여, 이용만 당하고 외면당하고 외로움과 슬픔 속에 사는 이 시대의 레아들이여. 하나님이 당신을 바라보고, 당신의 슬픔을 아시고, 챙기고 계신다는 것을 기억하라. 불평하지 말고 하나님을 바라보라. 하나님이 챙겨주신 레아처럼 복된 후반전이 있다.

이 땅의 수많은 레아들이 받을 진짜 큰 복은 복음이 믿어지는 복이다. "형제들아 너희를 부르심을 보라 육체를 따라 지혜로운 자가 많지 아니하며 능한 자가 많지 아니하며 문벌 좋은 자가 많지 아니하도다. 그러나 하나님께서 세상의 미련한 것들을 택하사 지혜 있는 자들을 부끄럽게 하려 하시고 세상의 약한 것들을 택하사 강한 것들을 부끄럽게 하려 하시며 하나님께서 세상의 천한 것들과 멸시 받는 것들과 없는 것들을 택하사 있는 것들을 폐하려 하시나니 이는 아무 육체도 하나님 앞에서 자랑하지 못하게 하려 하심이라"

못나서 복받은 자들이여 하나님을 찬양하라.

가장 큰 찬양의 조건은 내 잘 난 것이 아니라,

못난 나에게 베풀어 주신 놀라운 하나님의 은혜다.

11

어떻게 신앙을
유지할 수 있는가?

제11장. 어떻게 신앙을 유지할 수 있는가?

* 외울 말씀 / 로마서 8:38~39
내가 확신하노니 사망이나 생명이나 천사들이나 권세자들이나 현재 일이나 장래 일이나 능력이나 높음이나 깊음이나 다른 어떤 피조물이라도 우리를 우리 주 그리스도 예수 안에 있는 하나님의 사랑에서 끊을 수 없으리라.

티켓을 샀다가 관리를 잘못해서 잃어버린 경험이 누구나 있을 것입니다. 예수님을 구주로 믿는 순간 우리는 천국의 티켓을 얻었습니다. 믿음으로 얻은 티켓을 천국에 갈 때까지 잘 관리해야 합니다. 천국 가는 티켓은 오직 예수님 믿는 믿음만으로 쉽게 얻을 수 있습니다. 그러나 그 믿음을 죽을 때까지 지키는 것은 쉬운 일이 아닙니다.

믿음의 티켓을 지키기 어려운 이유

첫째, 예수님을 믿는 것은 보이지 않는 것을 믿기 때문에 어렵습니다.

"여러분은 그리스도를 본 일이 없으면서도 사랑하며, 지금 그를 보지 못하면서도 믿으며, 말로 다 표현할 수 없는 즐거움과 영광을 누리면서 기뻐하고 있습니다."(베드로전서 1:8).

예수 믿는 사람들은 날마다 예수님의 이름을 부르며 기도하고 모든 것을 예수님께 의탁하고 살아갑니다. 그러나 우리는 예수님을 육신의 눈으로 보지 못했습니다. 우리는 천국에 가기 위해서 예수 믿습니다. 그러나 아무도 천국을 본 사람이 없습니다. 물론 보이지 않는 것이 존재하지 않는 것은 아닙니다. 5분만 마시지 않아도 죽게 되는 공기도 눈에 보이지 않습니다. 어디서든지 라디오나 텔레비전을 켜면 켜지는 것은 사방에 전파가 흐르고 있기 때문입니다. 하지만 아무도 전파를 보지 못합니다. 이처럼 세상에도 보이지 않지만 존재하는 것들이 많이 있습니다. 하나님도 보이지 않지만 존재하십니다. 예수 믿는 사람들의 소망은 보이는 것이 아닙니다.

"우리는 이 소망으로 구원을 얻었습니다. 눈에 보이는 소망은 소망이 아닙니다. 보이는 것을 누가 바라겠습니까?"(로마서 8:24).

그러나 보이지 않는 하나님을 믿는다는 것은 쉬운 일이 아닙니다. 눈에서 멀어지면 마음에서도 멀어진다는 말이 있습니다. 하나님도 보이지 않는 분이기 때문에 신앙을 끝까지 유지하기가 어렵습니다. 우리는 죽은 자가 살아난 것을 본 적이 없습니다. 또한 천국도 보지 못했습니다. 성경에 천국을 보고 온 사람들이 전한 말씀이 있지만 대부분의 그리스도인들은 천국을 보지 못합니다. 평생을 예수님을 믿고 섬기는 것이 어려운 것은 우리가 믿는 것들이 보이지 않기 때문입니다.

둘째, 예수 믿는 결과를 얻는데 오랜 시간이 걸리기 때문에 신앙을 유지하는 것이 어렵습니다. 예수 믿고 결과를 얻는 것은 이 땅에서 아니고 천국에서 얻습니다. 예수님을 잘 믿으면 이 땅에서도 복을 받지만 진짜 큰 복은 죽은 후에 천국에서 받습니다.

"그리스도 안에서 우리가 바라는 것이 이 세상에만 해당되는 것이라면, 우리는 모든 사람 가운데서 가장 불쌍한 사람일 것입니다."(고린도전서 15:19).

땅에서는 복을 못 받을 수도 있습니다. 진짜 예수님을 잘 믿었던 분들은 대부분 땅에서 보이는 상을 받지 못했습니다. 예수님의 비유 가운데 부자와 나사로 비유가 있습니다. 하나님을 섬기지 않았던 부자는 세상에서 크게 성공했습니다. 재산을 많이 늘려 부자가 되었습니다. 그러나 하나님을 신뢰하고 신실하게 살았던 나사로는 굶주리고 헐벗었습니다. 부잣집 쓰레기통을 뒤지는 극단적인 상황까지 갔습니다. 부자와 거지 나사로의 삶의 반전은 죽은 뒤에 일어났습니다. 죽은 뒤에 부자는 영원한 지옥불에 들어갔고 거지 나사로는 천국의 안식에 들어갔습니다. 불타는 지옥에서 목이 말라 물 한 방울만 달라고 애원하는 부자에게 아브라함은 이렇게 대답했습니다.

"부자가 지옥에서 고통을 당하다가 눈을 들어서 보니, 멀리 아브라함이 보이고, 그의 품에 나사로가 있었다. 그래서 그가 소리를 질러 말하기를 '아브라함 조상님, 나를 불쌍히 여겨 주십시오. 나사로를 보내서, 그 손가락 끝에 물을 찍어서 내 혀를 시원하게 하도록 하여 주십시오. 나는 이 불 속에서 몹시 고통을 당하고 있습니다' 하였다. 그러나 아브라함이 말하였다. '얘야, 되돌아보아라. 네가 살아 있을 동안에 너는 온갖 호사를 다 누렸지만, 나사로는 온갖 괴로움을 다 겪었다.' 그래서 그는 지금 여기서 위로를 받고, 너는 고통을 받는다."(눅 16:23~25).

역사 속에 인물로서 예수 잘 믿고 세상에서 고생을 많이 한 대표적인 사람이 많은 성경을 기록한 사도 바울입니다. 그는 주님을 위하여 자기 삶을 바쳤지만 땅에서 받은 물질적인 것이 거의 없었습니다. 예수 믿는 궁극적인 목적은 우리가 죽은 다음에 부활하여 천국에서 영원히 사는 것입니다. 예수 믿는 목적은 죽은 후에 영생을 얻기 위해서 믿습니다.

추운 겨울에 어린 학생들이 주유소에서 아르바이트를 합니다. 어떤 아이들도 부모가 돈 벌어오라고 한 일은 없습니다. 자기들 스스로 합니다. 한 겨울에 밖에서 떨면서 기름을 넣는 것은 공부하는 것보다 훨씬 힘든 일입니다. 그런데 공부하기 싫어하는 아이들이 주유소에서 아르바이트는 자발적으로 열심히 잘합니다. 왜 따뜻한 방에 앉아서 하는 공부하는 것은 못 하는데 추운 날씨에 밖에서 떨면서 주유소에서 기름 넣는 것은 할 수 있을까요? 공부는 열심히 해도 효과가 눈에 띄게 나타나지 않습니다. 그런데 주유소에서 기름 넣는 일은 한 달 후면 자신의 노력의 대가를 눈으로 볼 수 있습니다. 주유소에서 일하고 한 달 후면 월급을 받기 때문입니다. 아이들에게 공부가 힘든 것은 당장 눈앞에 결과가 보이지 않기 때문입니다. 공부해서 그 결과를 얻는 데는 너무도 많은 시간이 필요합니다.

예수 믿는 것도 같은 이유에서 어렵습니다. 예수 믿고 나서 당장 그 효과가 나타나면 누구나 믿기 쉽습니다. 예수 믿고 났더니 금방 병이 낫고 가난한 사람들이 금방 부자가 되고 취직 안 되던 사람이 금방 취직이 된다면 이 세상에 있는 모든 사람들이 예수님을 믿을 것입니다. 예수 믿다 보면 이런 좋은 일이 일어나기도 하지만 오히려 반대의 현상이 일어나기도 합니다. 예수 믿고 나서 어려움을 당할 때가 많이 있습니다.

하나님은 보이지 않는 것들을 믿고 오래 기다려야 결과를 얻게 되는 어려움을 아셨기 때문에 보이지 않는 것을 믿는 신앙을 끝까지 유지할 수 있도록 우리에게 은혜를 베푸셨습니다. 아이들이 공부를 하는 목적은 20년 혹은 30년 후에 결과를 얻게 됩니다. 그런데 아이들은 너무 어리기 때문에 수십 년 후에 얻을 수 있는 결과만 바라보며 살 수 없습니다. 그러므로 부모님이나 학교에서 아이들이 현재에도 공부한 대가를 지불합니다. 공부해서 장차 얻을 것에 비교하면 아주 작은 것이지만 그 때까지 참을 수 있도록 여러 가지 방법을 사용합니다. 부모들은 아이들이 원하는 것을 사주거나 오락을 제공하기도 합니다. 학교에서는 상을 주어서 칭찬합니다. 우리가 예수 믿는 일도 마찬가지입니다. 우리가 예수 믿는 궁극적인 목적은 부활하여서 천국에서 영원히 사는 것입니다. 그러나 연약한 인간들은 부활과 영생과 천국만 바라보고 세상에서 살 수 없기 때문에 우리의 신앙을 돕기 위해서 여러 가지 은혜를 베푸십니다. 이것을 신학적인 용어로 은혜의 방편이라고 합니다.

첫째는 우리 신앙의 선배들의 유산입니다.

천국이 보이지 않지만 그 천국을 미리 바라보고 평생을 하나님만 섬기고 살았던 사람들이 자신들의 신앙의 경험을 우리에게 남겨주었습니다. 성경 속에서나 역사 속에서 하나님만 의지하고 믿고 살다 가신 분들의 이야기들을 만날 수 있습니다. 그리고 신앙의 선배들이 남긴 가장 큰 유산은 신앙고백입니다. 신앙고백은 믿음의 선진들이 자신이 평생 예수 믿고 살면서 경험한 것을 간단하게 요약해서 우리에게 전해 준 것입니다. 여러 가지 신앙고백이 있는데 우리가 가장 많이 사용하는 것이 사도신경입니다. 사도들이 각자 자신들의 신앙을 고백한 것을 하나로 묶어서 우리에게 전해 주었습니다. 그러므로 우리는 신앙이 흔들릴 때마다 사도신경을 암송하고 묵상하면 많은 도움을 얻을 수 있습니다. 아직 사도신경을 외우지 못하신 분들은 사도신경을 외우셔야 합니다.

그리고 앞서간 신앙의 선배들의 삶을 기록한 책을 많이 읽어야 합니다. 그들이 하나님을 섬기면서 겪은 좌절과 고통 그리고 거기서 벗어나서 승리했던 이야기는 우리 신앙생활에 많은 도움을 줍니다.

둘째는 예배하는 생활입니다.

하나님은 사람의 오감으로 느끼거나 인식할 수 있는 분이 아닙니다. 그러나 예배를 드릴 때면 하나님을 오감을 통하여 느낄 수 있습니다. 찬송을 부르면 마음이 시원해짐을 경험하거나 마음이 뜨거워집니다. 어떤 분들은 찬송을 부르면 계속 눈물이 나기도 합니다. 눈에서는 눈물이 나지만 마음속에는 하나님의 주신 평안함과 기쁨을 경험하게 됩니다. 사람들이 웃고 있어도 마음이 슬프다고 합니다. 하지만 성령님이 임하시면 울고 있어도 마음에 평안이 있습니다. 예배 시간에는 하나님의 말씀이 우리에게 전해집니다. 설교입니다. 성경은 오래 전에 누군가에게 직접 주셨던 말씀이지만 우리에게는 간접적인 말씀입니다. 설교는 과거의 누군가에게 주셨던 말씀을 성령님의 도움으로 재해석하여 오늘 나에게 다시 전해 주는 말씀입니다. 성경말씀이 오늘 우리에게 무슨 의미가 있으며 오늘 우리에게 무슨 명령을 내리고 있는 가를 전하는 것이 설교이기 때문입니다. 그러므로 보이지 않는 천국을 믿지만 귀에 들리는 말씀으로 우리에게 말씀하시는 설교가 있기 때문에 신앙을 유지하고 발전할 수 있습니다. 그러므로 성도들은 하나님의 말씀을 듣기 위하여 부지런히 교회에 나가야 합니다. 예배 한 번 드릴 때마다 하늘을 향한 사닥다리를 한 계단씩 올라가는 것과 같습니다. 예배는 보이지 않는 하나님을 경험하게 하며 보이지 않는 천국을 맛보게 해줍니다. 할 수 있으면 모든 예배에 참석하면 좋습니다.

"어떤 사람들의 습관처럼, 우리는 모이기를 그만하지 말고, 서로 격려하여 그 날이 가까워 오는 것을 볼수록, 더욱 힘써 모입시다."(히브리서 10:25).

셋째는 기도응답의 경험입니다.

예수님의 하신 말씀 중에 서로 모순 되는 것처럼 들리는 말씀이 있습니다. 예수님은 하나님께서 예수님을 믿고 하나님의 자녀가 된 사람들의 필요가 무엇인지 다 아신다고 말씀하셨습니다.

"너희는 기도할 때에, 이방 사람들처럼 빈말을 되풀이하지 말아라. 그들은 말을 많이 하여야만 들어주시는 줄로 생각한다. 그러므로 그들을 본받지 말아라. 하나님 너희 아버지께서는, 너희가 구하기 전에, 너희에게 필요한 것이 무엇인지를 알고 계신다."(마 6:7~8).

그러나 다른 한 편으로는 인내심을 갖고 끈질기게 기도할 것을 한 비유를 통하여 알려주셨습니다. 불의한 재판관이 아무 힘이 없는 과부의 끈질긴 간청을 들어주었다는 비유입니다.

"어느 고을에, 하나님도 두려워하지 않고, 사람도 존중하지 않는, 한 재판관이 있었다. 그 고을에 과부가 한 사람 있었는데, 그는 그 재판관에게 줄곧 찾아가서, '내 적대자에게서 내 권리를 찾아 주십시오' 하고 졸랐다. 그 재판관은 한동안 들어주려고 하지 않다가, 얼마 뒤에 이렇게 혼자 말하였다. '내가 정말 하나님도 두려워하지 않고, 사람도 존중하지 않지만, 이 과부가 나를 이렇게 귀찮게 하니, 그의 권리를 찾아 주어야 하겠다. 그렇게 하지 않으면, 그가 자꾸만 찾아와서 나를 못 견디게 할 것이다.' 주님께서 말씀하셨다. 너희는 이 불의한 재판관이 하는 말을 귀담아 들어라. 하나님께서 자기에게 밤낮으로 부르짖는, 택하신 백성의 권리를 찾아주시지 않으시고, 모른 체하고 오래 그들을 내버려 두시겠느냐?"(눅 18:2~7).

왜 우리의 모든 필요를 아시면서 인내하며 끈질기게 기도하라고 말씀하십니까? 우리가 기도하고 응답을 받는 과정 중에 신앙적으로 큰 유익을 얻기 때문입니다. 기도를 통하여 땅에서 필요한 것을 공급받기도 하지만 그 응답을 통하여 하나님이 살아계신 것을 체험적으로 경험하게 됩니다. 신앙생활 하는 사람들이 기도하고 그 응답을 받는 경험을 하게 되면 큰 기쁨이 임하고 영적인 힘도 얻게 됩니다.

특별히 사람의 생각으로 불가능한 일인데 기도한 후에 이루어진 것을 경험하게 되면 보이지 않는 하나님이 살아계신다는 것을 확신할 수 있습니다. 기도해서 세상에서 필요한 것을 얻는 경험을 하게 되면 하나님이 살아계신다는 믿음을 얻게 됩니다. 성경에는 기도하고 응답받고 그 과정에 하나님을 경험하고 큰 믿음을 얻었다는 이야기로 가득 차 있습니다. 지금부터 마음에 원하는 것이 있으면 기도를 드려야 합니다. 예수님도 우리에게 기도를 가르쳐주셨습니다. 사람의 생각으로 불가능한 일도 기도드려야 합니다. 기도의 응답은 네가지 형태로 옵니다.

그래 줄께: 내가 구한 것들 그대로 수용하여 주십니다.

그건 안 돼: 구하는 것이 나에게 해롭기 때문에 주시지 않습니다.

나중에 줄께: 나중에 받는 것이 유익하기 때문에 늦춰서 주신다.

다른 걸로 줄께: 하나님 보시기에 더 좋은 것으로 주신다.

하나님께서 우리가 원하는 대로 주시면 우리는 모두 망합니다. 하나님은 우리가 원하는 것을 주시지 않고 우리에게 유익한 것을 주십니다. 그래서 하나님이 우리가 구하는 대로 주시지 않고 거절하시기도 하고 기다리게 하시기도 하고 바꾸어 주시기도 하십니다.

넷째는 세례와 성찬식입니다.

하나님은 영이시기 때문에 인간의 오감을 통하여 인지할 수 없습니다. 오감을 통하여 하나님을 한 번 경험할 수 있도록 주신 것이 성례 즉 세례와 성찬식입니다. 세례와 성찬예식은 예수님이 제정하셨습니다. 우리가 믿는 것이 보이지 않지만 눈으로 보고 몸으로 느낄 수 있는 것이 세례식과 성찬식입니다. 내가 예수 믿고 새 사람이 되었다는 표시로서 세례를 받습니다. 세례는 자신이 예수 믿는다는 것을 사람들 앞에 고백하는 것입니다. 성찬식은 예수님의 살을 상징하는 떡과 예수님의 피를 상징하는 포도주를 먹고 마시는 의식입니다. 이것은 예수님께서 나의 죄를 위하여 죽으시고 내가 죄 사함을 받았다는 것을 느끼고 경험하는 것입니다.

믿음의 선조들의 신앙고백과 예배와 기도와 성찬과 세례에 참여하는 것은 우리의 신앙을 유지하게 해주는 힘이 됩니다. 세례는 한 번 받지만 다른 사람이 세례를 받을 때에 내가 받은 세례의 의미를 항상 되새겨야 합니다.

기도

은혜로우신 하나님 아버지, 우리가 예수 믿고 구원을 얻는 것도 내 힘으로 된 것이 아니고 하나님의 은혜로 된 것을 믿습니다. 이 믿음을 지키는 것도 우리 힘과 지혜가 아닌 하나님의 능력으로 할 수 있습니다. 구원을 잃어버리지 않도록 주의하라는 주님의 말씀을 항상 기억하게 하옵소서. 믿음을 지키는데 도움이 되는 선조들의 신앙의 유산과 예배와 기도와 성도의 교제와 세례, 성찬을 귀하게 여기게 하옵소서. 보이지 않으신 하나님을 보이는 것들을 통하여 느끼고 경험하게 하옵소서.

십자가의 복

마 문 철

"베드로야 오늘밤 네가 세 번 나를 부인하리라"는 주님의 말씀에
죽을 지언정 주님을 부인하는 일이 없을 거라고 장담했지만
한낮 계집종에게 자신은 예수의 제자가 아니라고 부인하고
세번째는 "나는 저런 미친놈과 아무 관련이 없다."고 저주했다.
요한과 야고보 형제는 예수님의 좌우편에 앉게 해달라고 청하자
예수님은 "너희들이 내가 마시는 잔을 마실 수 있느냐?"
고 물었을 때 형제는 마실 수 있다고 장담했지만
예수님의 십자가 좌우편에 요한과 야고보 대신 두 강도가 달렸다.
나는 십자가 앞에서 베드로처럼 주님을 부인하지 않을 수 있을까?
나는 주님께 약속하신 대로 주님이 마시는 잔을 마실 수 있을까?
한 강도는 자신의 죄로 인하여 주님의 십자가 옆에 달린 덕분에

주님 손 잡고 그 날에 주님과 함께 천국에 가지 않았는가?
가장 큰 복은 십자가 지고 가신 예수님과 동행하는 것이다.

12

교회란
무엇인가?

제12장. 교회란 무엇인가?

* 외울 말씀 / 디모데전서 3:15
이 집(교회)은 살아 계신 하나님의 교회요 진리의 기둥과 터니라.

교회와 예배당은 다릅니다.

보통 사람들은 '교회'란 말을 들으면 십자가탑이 높게 솟아오른 건물을 떠올립니다. 하지만 '교회'는 건물을 의미하지 않습니다. 건물은 '예배당'이라고 말하는 것이 옳습니다. 더러 예배당을 성전이라고 하는데 옳은 표현이 아닙니다. 신약시대에 참 성전은 예수 그리스도입니다. 구약시대에는 성전은 하나님이 임재해 계신 장소였습니다. 성전이 중요한 것은 그곳에 하나님이 계시기 때문이었습니다. 그러나 하나님이신 예수님이 세상에 오신 이후로 눈에 보이는 돌과 나무로 지은 건물인 성전이 중요한 장소가 아닙니다. 진정한 성전은 예수님 자신입니다. 신약성경에는 예수님 자신이 성전이라는 뜻을 분명히 밝히고 있습니다.

"예수께서 그들에게 말씀하셨다. '이 성전을 허물어라. 그러면 내가 사흘 만에 다시 세우겠다.' 그러자 유대 사람들이 말하였다. '이 성전을 짓는 데에 마흔여섯 해나 걸렸는데, 이것을 사흘 만에 세우겠다구요?' 그러나 예수께서 성전이라고 하신 것은 자기 몸을 두고 하신 말씀이었다. 제자들은, 예수께서 죽은 사람들 가운데서 살아나신 뒤에야, 그가 말씀하신 것을 기억하고서, 성경 말씀과 예수께서 하신 말씀을 믿게 되었다."(요 2:19~22).

구약시대에는 하나님이 계신 성전에서 소나 양을 잡아서 제사를 드리고 죄 용서함을 받았습니다. 그러나 신약시대에는 예수님이 참된 성전 되시기 때문에 예수님 앞에 나오면 용서함을 받습니다. 십자가가 세워진 건물은 성전이 아니라 예수 믿는 사람들이 모여서 예배드리는 장소입니다. 그러므로 사람들이 흔히 교회라고 부르는 건물은 '예배당'이라고 불러야 합니다. 이것은 마치 국회의사당이 국회가 아닌 것과 같습니다. 여의도에 있는 국회의사당이 국회가 아닙니다. 국회의사당은 국회가 모여서 회의하는 장소입니다. 예배당도 교회가 모여서 예배드리는 장소입니다. 진짜 국회는 국회의원들의 모임을 국회라고 합니다. 진짜 교회는 예수 믿는 사람들의 모임을 의미합니다.

교회는 예수님을 구주로 고백한 사람들의 모임입니다.

예수님을 구주로 고백하고 예수 이름으로 사람이 모이면 그것이 교회입니다. 사람의 숫자는 두 사람 이상이면 됩니다. 예수 믿는 사람들이 두 사람 이상이 예수 이름으로 모이면 그것이 교회입니다. 그러므로 교회란 큰 건물을 가지고 있고 사람이 많이 모여야 좋은 교회가 아닙니다. 교회는 건물이 초라하고, 사람이 적어도 예수 이름으로 모여서 예수님의 사랑을 나눌 수 있다면 좋은 교회입니다.

이 시대 사람들은 건물이 크고 사람이 많이 모이면 좋은 교회라는 잘못된 생각을 가지고 있습니다. 예수님은 한 두 사람이 내 이름으로 모이는 곳에 함께 하시겠다고 말씀하셨습니다.

"두세 사람이 내 이름으로 모여 있는 자리, 거기에 내가 그들 가운데 있다."(마태복음 18:20)

그러므로 크고 아름다운 건물을 갖고 많은 사람이 모여들어도 그곳에 진실한 예수님의 사랑이 없으면 교회가 아닙니다. 건물이 없거나 초라하고 사람의 수가 적어도 예수 이름으로 서로 사랑하는 교회는 좋은 교회입니다.

교회는 보이는 교회와 보이지 않는 교회가 있습니다.

보이는 교회는 신학적인 표현으로 '유형교회'라고 합니다. 교회에 출석하는 모든 사람들을 일컫습니다. 교회는 진실한 마음으로 신앙을 고백하고 하나님을 인정하는 신자들도 있지만 진실한 신앙고백을 하지 않고 인간적인 목적으로 다니는 사람들도 있습니다. 장사를 목적으로 예배당에 나온 사람들, 선거에 표를 얻기 위해서 나온 사람들도 있습니다. 이런 사람들은 참된 신자 즉 참된 교회가 아닙니다. 그러나 사람은 누가 진실한 신자이고 누가 거짓신자인지 구별할 수가 없습니다. 그러므로 말로 신앙을 고백하고 예배에 참석한 모든 사람들을 일단은 모두 교회라고 합니다. 이러한 교회를 보이는 교회 혹은 유형교회라고 합니다.

보이지 않는 교회 혹은 무형교회는 사람은 모르지만 하나님이 보시고 인정한 진짜 신자들만을 말합니다. 이 사람들은 예배당에 출석하는 사람들과 아직 예배당에 참석은 하지 않지만 장차 구원받을 모든 사람들을 말합니다.

이 진리를 알아야할 필요가 있는 것은 우리가 교회 안에서 실망스런 일을 만나도 시험에 들지 않게 하기 위함입니다. 교회는 진실한 신자들만 있는 것이 아니고 때로는 자기 정체를 감추고 들어온 거짓 신자들도 있습니다. 진실한 신앙고백을 하지 않는 신자들이 있습니다. 그들은 자신들의 정체를 감추고 교회에 해를 끼치고 신앙생활을 방해합니다. 그러나 누가 진짜 신자이고 누가 가짜인지는 사람이 구별할 수 없습니다. 하나님만이 구별할 수 있습니다. 우리는 모두를 하나님의 자녀로 알고 사랑해야 됩니다. 중요한 것은 내 자신이 거짓신자가 아닌 진실한 신자가 되는 것입니다.

교회의 세 가지 형태

지역교회 _ 정해진 지역에서 모여서 예배를 드리는 교회를 지역교회라고 합니다. 예를 들면 친구교회는 지역교회의 이름입니다.

보편적 교회 _ 현재 지상에서 예수 믿는 모든 사람들의 모임을 보편적인 교회라고 합니다. 사도신경에 '거룩한 공교회'라는 말이 나오는데 이 거룩한 공교회는 보편적인 교회를 말합니다. 이 세상에 모든 교회는 하나의 교회라는 뜻입니다. 세상에 존재하는 모든 예수 믿는 사람들의 총집합이 보편적인 교회입니다.

신비적인 교회 _ 보편적인 교회는 현재 지상에서 예수 믿는 모든 사람들의 모임이라면 신비적인 교회는 오가는 세대에 예수 믿고 구원받은 모든 사람들의 모임을 신비적인 교회라고 합니다. 예수 믿고 구원받은 모든 사람들 전체 모임을 신비적 교회라고 합니다.

교회의 특성

첫째, 교회는 하나입니다.
"그리스도의 몸도 하나요, 성령도 하나입니다. 이와 같이 여러분도 부르심을 받았을 때에 그 부르심의 목표인 소망도 하나였습니다.

주님도 한 분이시요, 믿음도 하나요, 세례도 하나요,"(엡 4:5~6)

진실한 교회는 모두 한 분 하나님을 섬기며 한 분 예수님을 주님으로 섬깁니다. 같은 하나님과 같은 예수님을 섬기기 때문에 이 세상의 모든 교회는 하나입니다. 현실적으로 교회는 여러 가지 교단이 있습니다. 성결교, 감리교, 장로교, 순복음교회 등 여러 가지 교단이 있습니다. 이 교단들은 약간씩 생각이 다르고 형식이 다르지만 한 분 예수님을 섬기는 것이기 때문에 교회는 하나입니다. 약간씩 강조하는 점이 다를 뿐입니다. 사람마다 성향이 다르기 때문에 자신이 좋아하는 성향으로 하나님을 섬기는 것뿐입니다. 또한 온 세상에 있는 모든 교회는 하나의 교회입니다. 주인은 하나님이시고 예수님의 십자가의 피로 세운 교회입니다.

둘째, 교회는 거룩합니다.

"나는 로마에 있는 모든 신도에게 이 편지를 씁니다. 하나님께서 여러분을 사랑하셔서, 그의 거룩한 백성으로 부르셨습니다. 하나님 우리 아버지와 주 예수 그리스도께서 내려 주시는 은혜와 평화가 여러분에게 있기를 빕니다."(롬 1:7).

교회에서 교인들을 부를 때에 아직 어떤 직책이 없는 분들을 성도라고 부릅니다. 하지만 모든 교인들은 성도입니다. 그리고 성도라는 말의 뜻은 한자로는 거룩한 무리라는 뜻입니다. 원래 '거룩'이란 말의 성경적인 뜻은 구별된다라는 뜻입니다. 그러므로 성도는 하나님이 구별하여 부르셨고 하나님이 구별하여 사용하시는 사람이라는 뜻입니다. 이렇게 거룩한 사람들의 모임이 교회이기 때문에 교회는 거룩합니다. 교회는 예수 그리스도를 통하여 거룩해 진 사람들의 모임이며 이 거룩성을 유지하며 성숙시켜 나가기 위해서 노력하는 것이 교회입니다.

셋째, 교회는 보편적입니다.

"하나님께서 세상을 이처럼 사랑하셔서 외아들을 주셨으니, 이는 그를 믿는 사람마다 멸망하지 않고 영생을 얻게 하려는 것이다."(요한복음 3:16).

교회는 하나님이 선택해서 거룩하게 만든 사람들의 모임이지만 이 모임에는 누구에게나 개방되어 있다는 의미에서 보편적입니다. 예수님은 세상에 모든 사람들을 위하여 오셨고 교회는 모든 민족들에게 복음을 전해야 할 사명이 있습니다. 그러므로 교회는 누구든지 들어올 수 있어야 합니다. 부자도, 가난한 자도, 주정뱅이도, 사기꾼들도 들어와서 예수님께 예배드릴 수 있습니다. 누구든지 예수님을 구주로 믿고 예배를 드리면 거룩한 백성으로 변화합니다.

교회로 인정할 수 있는 기준

교회가 교회로 인정받기 위해서는 반드시 다음과 같은 요소가 있어야 합니다.

진리의 말씀 : 하나님의 말씀이 선포되는 곳이 교회입니다. 하나님의 말씀이 없고 선포되지 않으면 교회가 아닙니다.

"만일 내가 늦어지더라도, 하나님의 가족 가운데서 사람이 어떻게 처신해야 하는지를 그대가 알게 하려는 것입니다. 이 가족은 살

아 계신 하나님의 교회요, 진리의 기둥과 터입니다."(디모데전서 3:15)

성례 : 즉 세례와 성찬식이 있어야 교회입니다. 세례와 성찬식을 하지 않는 것은 교회가 아닙니다. 세례와 성찬은 예수님이 하나님의 가족이 되는 사람들에게 베풀고 행하도록 명령하셨기 때문에 교회가 교회되는 표지입니다.

권징 : 교회는 권징이 있어야 합니다. 거룩성을 보존하기 위해서 권징이 있어야 교회입니다. 교회는 누구에게나 개방되지만 교회 안에 들어오면 하나님의 말씀에 따라 거룩한 삶을 살아야 합니다. 교회는 용서와 사랑을 강조하지만 또한 성결함도 중요합니다. 그러므로 교회는 의도적으로 지속적으로 범죄한 교인들에게 징계를 내립니다.

"모든 자녀가 받은 징계를 여러분이 받지 않는다고 하면, 여러분은 사생아이지, 참 자녀가 아닙니다."(히브리서 12:8).

사도신경의 인정 : 교회는 사도들의 신앙고백을 인정해야 합니다. 사도들의 신앙고백인 사도신경을 부인하면 참된 교회가 될 수 없습니다. 사도신경을 교회에서 암송하고 안 하고는 문제가 되지 않습니다. 예배시간에 사도신경을 사용하지 않아도 사도신경을 인정하면 참된 교회가 됩니다.

기도

살아 계신 하나님 아버지, 이 땅에 교회를 세워주셔서 하나님의 백성들을 보호하시고 믿음을 지키게 하신 것을 감사드립니다. 하나님의 교회는 건물과 사람의 숫자가 중요한 것이 아니고 참된 성전되신 그리스도를 믿는 믿음과 형제의 사랑이 소중함을 깨닫게 하옵소서. 열심히 주님을 섬기며 형제와 자매가 서로 사랑하는 진정한 교회가 되게 하여 주옵소서. 땅에 있는 교회에서 하늘에 있는 천국의 기쁨과 행복을 맛보게 하옵소서.

방관자

마 문 철

야곱의 아들 열 형제들에게 요셉은 눈에 가시 같았다. 아버지의 사랑을 독차지하고, 형들의 비리를 아버지에게 일러바치고, 형들의 곡식단과 하늘의 해와 달과 별이 자신에게 절을 하는 꿈 이야기를 했다. 이 꿈이야기는 형들의 분노에 기름을 부었다.

분노한 형들은 요셉을 혼내 줄 기회를 엿보고 있었는데 좋은 기회가왔다. 집에서 멀리 떨어진 도단에서 양을 치는 데 요셉이 제 발로 찾아왔다.

우선 요셉을 결박해 놓고 어떻게 할 것인가를 의논했다. 대다수가 결박해서 깊은 구덩이에 넣어 굶어 죽게 하자는 의견이었다. 그러나 속으로는 각자 다른 계산을 하고 있었다.

맏이 르우벤은 서모 빌하를 범하여 아버지에게 산 분노를 풀고 싶었다.

형제들이 요셉을 굴에 넣으면 몰래 건져서 아버지에게 데리고 가서 다른 형제들이 죽이려 한 것을 자신이 몰래 데려 왔다고 말하려 했다. 요셉의 불행을 자신의 과오를 덮는 데 사용하려 했다.

다혈질인 시므온은 정말 요셉을 굴속에서 굶겨 죽이려 했다. 요셉의 죽음을 통해 자신의 분노를 해소하려 했다.

유다는 분노한 형제들을 달래서 요셉을 죽이는 것만은 막고자 했다. 죽음에서 건져서 죽는 것보다 못한 노예로 파는 것이지만 양심의 가책에서 벗어나려 했다.

어찌 되었든지 형제인데 죽일 필요까지 있겠느냐?

노예상들에게 팔아서 우리 눈앞에서 사라지기만 하자는 안을 냈다.

시므온은 결박해서 깊은 굴에 넣어 굶어죽게 하자고 했다. 요셉은 그때 했던 시몬의 말을 기억하고 이집트에 온 시므온을 감옥에 넣었다.

르우벤은 요셉을 몰래 빼내 아버지에게 잃은 사랑을 회복하는 기회로 삼고자 했다. 유다는 적어도 자신은 요셉을 죽음에서 건졌다는 것으로 양심의 가책에서 벗어나려 했다.

나머지 일곱 형제는 무얼 했나, 그들은 다른 형제들의 악행을 말리지 않았다. 그냥 방관했다. 그러나 어떤 결론이 났든지 그 결론에 대한 책임은 같이 졌어야 했다. 악에 대하여 적극 동참하지 않았지만 막지도

않았고 방관했기 때문이다. 아! 우리 중 누가 방관의 죄에서 자유로울
수 있을까?

13

세상의 끝은
어떻게 오는가?

제13장. 세상의 끝은 어떻게 오는가?

* 외물 말씀 / 요한계시록 1:7
볼지어다 그가 구름을 타고 오시리라 각 사람의 눈이 그를 보겠고 그를 찌른 자
들도 볼 것이요 땅에 있는 모든 족속이 그로 말미암아 애곡하리니 그러하리라
아멘.

성경에서는 세상은 끝이 있다고 말한다.

불교에서는 모든 것이 돌고 돈다는 윤회설을 주장합니다. 그러므로 세상의 끝은 없습니다. 모든 것은 끝없이 반복됩니다. 그러나 기독교의 진리는 불교와 정반대입니다. 상징물도 불교는 기독교의 십자가를 꺾어서 만들었습니다. 그러나 성경은 개인의 삶과 세상은 끝이 있다고 합니다. 구약성경 전도서에서는 모든 사람들은 끝이 있다는 것을 기억하라고 말씀합니다.

"육체가 원래 왔던 흙으로 돌아가고, 숨이 그것을 주신 하나님께로 돌아가기 전에, 네 창조주를 기억하여라."(전 12:7).

베드로 사도는 만물의 끝이 있으니 정신을 차리고 대비하라고 말

씁합니다.

"만물의 마지막이 가까이 왔습니다. 그러므로 정신을 차리고, 삼가 조심하여 기도하십시오."(벧전 4:7)

사람이 살고 있는 이 지구는 끝이 있습니다. 지구만 끝이 있는 것이 아니고 다른 위성들도 끝이 날 것이다. 베드로 사도는 온 우주의 끝을 다음과 같이 표현합니다.

"그러나 주님의 날은 도둑같이 올 것입니다. 그 날에 하늘은 요란한 소리를 내면서 사라지고, 원소들은 불에 녹아버리고, 땅과 그 안에 있는 모든 일은 드러날 것입니다. 하나님의 날이 오기를 기다리고, 그 날을 앞당기도록 하여야 하지 않겠습니까? 그 날에 하늘은 불타서 없어지고, 원소들은 타서 녹아버릴 것입니다."(벧후 3:10,12).

사람은 태어나면 죽음이란 끝을 향해 달려갑니다. 무너지리라 생각도 못했던 멀쩡한 땅이 지진으로 무너진 것처럼 영원할 것처럼 보이는 해와 달과 지구도 언젠가는 끝이 옵니다.

개인의 삶의 끝은 죽음이다

세상에 태어난 모든 사람들은 끝이 있는데 그것은 죽음입니다.

"사람이 한 번 죽는 것은 정해진 일이요, 그 뒤에는 심판이 있습니다."(히브리서 9:27).

사람은 태어나는 순간 죽음을 향하여 달려갑니다. 롱 펠로우는 '사람의 심장 소리는 장례식 북소리다.'라고 하였습니다. 사람은 태어난 그 순간부터 정해진 죽음의 시간으로 행진하는 것입니다. 하루 하루 사는 것이 아니고 하루하루 죽어가는 것이 인간입니다. 사람들은 하루하루 살아간다고 생각하지만 깊이 생각하면 모든 사람은 매일 하루씩 죽어가고 있습니다. 하루 살면 그만큼 생명이 단축된 것입니다.

그러나 육신의 죽음이 완전한 끝은 아닙니다.

성경은 죽음을 세 가지로 말합니다. **첫째**는 하나님의 영이 없는 상태입니다. 세상에 태어난 모든 인간은 하나님의 생명의 영이 없기 때문에 죽을 육체를 가지고 있습니다. 그러므로 성경은 하나님을 모르는 사람들을 죽은 자라고 합니다.

"예수께서 이르시되 죽은 자들이 그들의 죽은 자들을 장사하게 하고 너는 나를 따르라 하시니라"(마태복음 8:22).

이 말씀은 예수님이 자기 아버지를 장사를 지내고 예수님을 따르겠다는 사람에게 하신 말씀입니다. 이 때 이 사람의 아버지는 죽지 않았습니다. 장례식장에서 예수님 만나러 온 것이 아닙니다. 앞으로 아버지가 죽으면 예수님을 따르겠다는 말이었습니다. 그의 아버지와 아버지가 죽으면 장례할 형제들과 친척들이 살아 있었습니다. 그러나 그들 안에 생명의 영이 없었기 때문에 죽은 자라고 말씀하셨습니다. 예수 믿고 하나님의 영이 그 안에 있는 사람이라야 진짜 생명이 있습니다. 하나님의 영이 없는 사람들은 죽은 사람들입니다. 예수님은 예수님을 믿지 않는 모든 사람들은 죽은 사람들이라고 합니다. 예수님을 믿지 않는 사람들은 그 안에 생명이 없기 때문입니다.

둘째는 육체와 영혼이 분리되는 죽음입니다. 보통 우리가 알고 있는 죽음입니다. 보통 우리가 알고 있는 죽음은 육체의 죽음입니다. 육체가 죽었다고 해서 인간의 존재가 완전히 사라진 것은 아닙니다. 성경에서 인간의 죽음은 육체와 영혼의 분리라고 말씀합니다.

"육체가 원래 왔던 흙으로 돌아가고, 숨이 그것을 주신 하나님께로 돌아가기 전에, 네 창조주를 기억하여라."(전도서 12:7).

그러므로 죽음은 인간의 모든 것이 소멸되는 것이 아니고 육체와 영혼이 단절된 것뿐입니다. 죽은 자들의 육체는 땅에 묻히지만 그 영혼은 하늘로 가서 하나님 앞에서 심판을 받습니다. 땅에 사는 동안 그리스도를 영접하고 그리스도 안에 있는 자들의 영혼은 천국에서 영원히 살 것입니다. 그리고 하나님을 섬기지 않는 영혼들은 지옥에서 영원히 고통을 당할 것입니다.

세 번째 죽음은 육체가 부활 후에 그 영혼과 함께 지옥에 가서 지옥에서 영원히 살게 된 것을 말합니다. 예수님을 오래 믿은 사람들도 부활에 대해서 정확하게 모르고 계신 분들이 있습니다. 예수님을 믿는 사람들만 부활할 것이라는 생각입니다. 성경은 예수님이 재림하실 때에 땅에 살다가 죽은 모든 사람들이 부활한다고 알려줍니다.

"이를 놀랍게 여기지 말라 무덤 속에 있는 자가 다 그의 음성을 들을 때가 오나니 선한 일을 행한 자는 생명의 부활로, 악한 일을 행한 자는 심판의 부활로 나오리라"(요 5:28~29).

땅에서 악한 일을 일삼고 평생을 편하게 살고 자식들까지 그 악으로 모은 재산과 권력으로 부와 영광을 누리고 사는 사람들이 있습니다. 그런 모습을 보고 신앙이 좋은 사람들도 시험에 들었습니다. 하나님은 악인들에게 적당한 벌을 주시기 위해서 마지막 그들을 다시 살려내서 무서운 징벌을 내리실 것입니다.

"나는 또 죽은 사람들이, 큰 자나 작은 자나 할 것 없이, 다 그 보좌 앞에 서 있는 것을 보았습니다. 그리고 책들을 펴놓고, 또 다른 책 하나를 펴놓았는데, 그것은 생명의 책이었습니다. 죽은 사람들은, 그 책에 기록되어 있는 대로, 자기들의 행위대로 심판을 받았습니다.

바다가 그 속에 있는 죽은 사람들을 내놓고, 사망과 지옥도 그 속에 있는 죽은 사람들을 내놓았습니다. 그들은 각각 자기들의 행위대로 심판을 받았습니다. 그리고 사망과 지옥이 불바다에 던져졌습니다. 이 불바다가 둘째 사망입니다. 이 생명책에 기록되어 있지 않은 사람은 누구나 다 이 불바다에 던져졌습니다."(요한계시록 20:12~15).

죽어서 천국에 가지 못하고 지옥에 가면 세상에 당하는 어떤 고통과 비교할 수 없는 큰 고통을 영원히 겪게 됩니다. 지옥은 용광로처럼 뜨거운 불길이 타오르지만 생명은 죽지 않습니다. 생명은 죽지 않고 불의 고통만 당합니다. 성경은 이 상태를 두 번째 죽음이라고 말씀합니다. 첫 번째 죽음은 육체의 죽임이고 두 번째 죽음은 그 영혼이 지옥에서 영원토록 고통받는 것입니다.

우주의 종말

개인적인 종말은 죽음이지만 진정한 종말은 우주의 종말입니다. 우주의 종말은 주님이 재림하실 때에 오게 됩니다. 예수님은 부활하신 후에 세상에 40일간 계시다가 승천하셨습니다. 승천하시면서 재림을 약속하셨습니다. 그리고 재림의 때는 곧 우주의 종말이라고 말씀하셨습니다. 주님이 오실 때에 이 세상에 있던 것들은 사라지고 하나님이 세우신 새로운 세상이 만들어질 것입니다.

"이 말씀을 마치시고 그들이 보는데 올려져 가시니 구름이 그를 가리어 보이지 않게 하더라 올라가실 때에 제자들이 자세히 하늘을 쳐다보고 있는데 흰 옷 입은 두 사람이 그들 곁에 서서 이르되 갈릴리 사람들아 어찌하여 서서 하늘을 쳐다보느냐 너희 가운데서 하늘로 올려지신 이 예수는 하늘로 가심을 본 그대로 오시리라 하였느니라"(사도행전 1:9~11)

예수님이 승천하신 지 이천년이 넘었지만 아직 예수님이 재림하시지 않기 때문에 재림을 의심하는 사람들도 있습니다. 여호와증인들은 예수님이 벌써 보이지 않게 영으로 재림하셨다고 말합니다. 하지만 성경은 예수님의 재림은 온 세상의 사람들이 눈으로 똑똑히 볼 수 있게 임하신다고 하셨습니다.

"그러면 사람들이 너희에게 말하되 보라 그리스도가 광야에 있다 하여도 나가지 말고 보라 골방에 있다 하여도 믿지 말라 번개가 동편에서 나서 서편까지 번쩍임 같이 인자의 임함도 그러하리라"(마태복음 24:26~27).

번개가 치면 온 세상의 사람들이 알게 된 것처럼 예수님이 재림하시면 모든 사람들이 귀로 예수님을 호위하며 내려오는 천사들의 나팔 소리를 듣고 눈으로 영광스런 예수님의 모습을 볼 수 있게 될 것입니다.

"주님께서 호령과 천사장의 소리와 하나님의 나팔 소리와 함께 친히 하늘로부터 내려오실 것이니, 그리스도 안에서 죽은 사람들이 먼저 일어나고, 그 다음에 살아 남아 있는 우리가 그들과 함께 구름 속으로 이끌려 올라가서, 공중에서 주님을 영접할 것입니다. 이리하여 우리가 항상 주님과 함께 있을 것입니다."(데살로니가전서 4:16~17)

생명의 부활과 심판의 부활

주님이 재림하시는 때에 세상은 끝이 나며 우주의 끝에 육체의 부활이 있습니다. 영혼은 죽은 즉시 하늘로 올라가지만 인간의 육신은 예수님이 재림하실 때에 부활합니다. 많은 사람들은 예수 믿고 구원받는 사람들만 부활할 것으로 잘못 알고 있는데 성경은 믿는 자와 믿지 않는 자가 모두 부활한다고 말씀합니다.

"이 말에 놀라지 말아라. 무덤 속에 있는 사람들이 다 그의 음성을 들을 때가 온다. 선한 일을 한 사람들은 부활하여 생명을 얻고, 악한 일을 한 사람들은 부활하여 심판을 받는다."(요한복음 5:28~29).

선한 사람들은 부활하여서 영원한 생명을 얻고 천국의 영광에 들어가게 됩니다. 악한 사람들은 부활하여서 죄의 대한 징벌을 받아서 지옥에서 고통을 당하게 됩니다. 마지막 심판대 앞에서 가장 큰 죄는 예수 믿지 않는 죄입니다. 아무리 세상에서 선하게 산 사람도 예수님을 믿지 않고는 심판대 앞에서 의롭다 여김을 받지 못하고 정죄를 받아서 지옥에 들어가게 될 것입니다.

세상의 끝에 하나님의 심판이 있습니다.

세상에서 악을 행하고도 편안하게 살다가 죽은 사람들을 보면서 사람들은 화를 내고 하나님의 존재를 의심합니다. 선하게 사는 사람들이 악한 사람들에게 고난을 받고 이유 없이 죽임을 당하는 것을 보면서 절망에 빠집니다. 그러나 하나님의 완전한 공의는 세상의 끝에 하나님의 마지막 심판 때에 이루어집니다. 모든 인간들은 최후의 심판을 받게 됩니다.

"나는 또 죽은 사람들이, 큰 자나 작은 자나 할 것 없이, 다 그 보좌 앞에 서 있는 것을 보았습니다. 그리고 책들을 펴놓고, 또 다른 책 하나를 펴놓았는데, 그것은 생명의 책이었습니다. 죽은 사람들은, 그 책에 기록되어 있는 대로, 자기들의 행위대로 심판을 받았습니다."(계 20:12)

예수님을 구주로 믿은 성도들은 그들의 죄를 용서받았기 때문에 상급을 주시기 위해서 정산을 받습니다. 상의 크기를 정하는 심사입니다. 하나님 앞에서 충성한 사람들에게는 더 큰 상을 주십니다.

"시험을 견디어 내는 사람은 복이 있습니다. 그 사람은 그의 참됨이 입증되어서, 생명의 면류관을 받을 것이기 때문입니다. 그것은 하나님을 사랑하는 사람들에게 약속된 것입니다."(야고보서 1:12).

의인들은 모두 생명의 면류관을 상으로 받게 되는데 그 상에 반드시 등급이 있습니다.

한편 악인들은 그들이 저지른 악에 대하여 심판을 받을 것입니다. 그들이 받을 벌은 영원한 죽음입니다.

"그러나 두려워하는 자들과 믿지 아니하는 자들과 흉악한 자들과 살인자들과 음행하는 자들과 점술가들과 우상 숭배자들과 거짓말하는 모든 자들은 불과 유황으로 타는 못에 던져지리니 이것이 둘째 사망이라"(요한계시록 21:8)

기도

영원한 생명의 주인 되신 하나님 아버지, 우리는 어리석어서 우리가 언젠가는 죽는다는 사실을 잊어버리고 살 때가 많았습니다. 내가 죽는다는 사실을 항상 기억하게 하시고, 이 세상에 끝이 있다는 사실을 항상 기억하고 살게 하옵소서. 땅에 잠깐 사는 동안 죽음 이후에 가야할 영원한 집 천국을 준비하는 지혜로운 성도가 되게 하옵소서. 언젠가 죽어지고 썩어질 세상 것을 위하여 살지 않게 하시고 영원한 하늘나라를 위해 살게 하시고 하늘에 보화를 쌓으며 살게 하옵소서.

하늘 소망

마 문 철

대제국 이집트 왕은 요셉 총리의 부친 야곱을 영빈관에서 처음 만난 순간 알 수 없는 기운이 느껴졌다. 그의 몸은 쓰러져 가는 건축물 같은데 그의 눈은 하늘의 별처럼 반짝였다. 그의 몸은 쓰러져 가는 고목 같은데 빛나는 눈은 돌배기 아이같이 초롱초롱하여 나이를 가늠할 수 없었다. 왕은 "노인장 금년에 춘추가 어떻게 되시오? 당신의 몸은 쓰러져 가는 고목 같은 데 눈은 별같이 반짝반짝 하니 나이를 가늠할 수 없구려." 야곱은 자신의 육신이 폐가가 된 이유를 설명했다.

야곱이 바로에게 아뢰되 "내 나그네 길의 세월이 백삼십 년이니이다 내 나이가 얼마 못 되니 우리 조상의 나그네 길의 연조에 미치지 못하나 험악한 세월을 보내었나이다 하고" 고생을 많이 해서 몸이 파싹 늙었습니다.

눈이 새벽빛처럼 빛난 이유를 설명했다.

"그럼에도불굴하고 눈이 어린 아이눈처럼 초롱초롱한 것은 조상 대대로 내려온 하늘소망을 가슴에 품고 살기 때문입니다. 이 늙은이 이 땅 떠나면 하늘집으로 돌아갈 것입니다."

바로는 자신이 죽으면 가려고 사막에 세상에서 가장 큰 집을 짓고 있는 데 하늘 집으로 살러 간다니 이해가 가지 않았다. "하늘에 집 지을 수 있나요?"

"하늘에 사람이 집을 지을 수 없습니다. 그러나 내가 섬기는 신은 지을 수 있습니다. 이미 세상 모든 사람들이 살 수 있는 충분한 집이 하늘에 있습니다." "나는 땅에 죽으면 가려고 피라미드를 건설하고 있습니다. 당신의 신에게 부탁해서 하늘에 내 집도 얻을 수 있나요. 그 집은 별장으로 쓰면 좋겠습니다."

"땅과 하늘에 양쪽에 집을 가질 수 없습니다. 땅의 짓는 집을 포기해야 하늘에서 집을 분양받을 수 있습니다. 죽은 몸을 위해서 땅의 짓는 집을 멈추시고 그 돈으로 가난한 백성들을 구제하십시오. 그러면 하늘에 당신의 집이 생길 것입니다."

'그건 어렵고 혹시 땅과 하늘에 두 군데 집을 지을 수 있으면 좋을 텐데...' 바로는 고민에 빠졌다.

"죽은 후에 어차피 땅의 집은 필요 없습니다. 이 늙은이가 전해 드린 말을 실천하시면 왕은 지금까지 얻은 행운 중에 가장 좋은 행운을 얻을 것입니다." 야곱이 하늘 집에 간 후에 어느 날 지옥 부근을 지나는 데 큰 소리가 들렸다. "당신 요셉 총리 부친 아니오?" "그렇습니다만 당신은 누구요." "나는 전에 이집트 궁전에서 당신을 만난 적 있는 이집트 왕입니다. 여기서는 지상에서 왕이었던 것이 아무 소용이 없기는 합니다만."

"한 가지 부탁합시다. 전에 내 나라에서 내가 당신의 자손들을 사백 년 동안 거주할 수 있게 해주지 않았소. 이제 당신이 나를 한 번 도와주세요. 당신의 신에게 부탁해서 이 불구덩이에서 꺼내어 당신과 같이 하늘 집에서 살게 해주세요. 당신도 빚을 갚아야지요."

"당신에게 땅에 있는 동안 하늘의 집을 지으라고 정보를 제공한 것으로 충분히 빚을 갚았소. 당신이 그 정보의 가치를 무시했다가 이 꼴을 당하는 거요."

세상에 우리 위해서 십자가에 죽으시고 부활하신 예수 믿으면 죄 사함 받아 천국에 간다는 정보보다 귀한 정보는 없다. 진주 장사는 자신이 평생 모은 진주를 모두 팔아서 이 정보를 구입했다. 그러나 들은 정보 내용을 믿고 따르지 않으면 1942년 진주만처럼 될 것이다.

14

신앙생활에
어떤
어려움이 있는가?

제14장. 신앙생활에 어떤 어려움이 있는가?

* 외울 말씀 / 고전 10:13
사람이 감당할 시험 밖에는 너희가 당한 것이 없나니 오직 하나님은 미쁘사 너
희가 감당하지 못할 시험 당함을 허락하지 아니하시고 시험 당할 즈음에 또한
피할 길을 내사 너희로 능히 감당하게 하시느니라.

신앙생활에 어려움이 따른다.

생떽쥐베리 『어린 왕자』에 보면 왕자가 사는 땅에서 장미꽃 씨앗
이 날려 와서 싹이 틉니다. 어린왕자는 그 싹에 물을 주고 돌봅니다.
정성껏 가꾸자 예쁜 꽃이 피었습니다. 그런데 장미꽃이 점점 자라자
그 안에 가시도 함께 자라났습니다. 가시를 본 어린왕자는 가시에
찔릴 것이 두려워서 장미나무 가꾸는 것을 포기합니다. 세상의 모든
일은 어려움이 있습니다. 어려움이 있다고 포기하면 어떤 좋은 것도
얻을 수 없습니다. 좋은 일일수록 헤쳐 나가야 할 난관이 많습니다.
예수님을 믿고 생명을 얻는 것은 세상에서 제일 귀한 일입니다. 예
수님은 인간의 생명은 천하보다 귀하다고 말씀하셨는데 예수 믿는

것은 생명을 얻는 일로서 세상에서 가장 귀한 일입니다. 이렇게 귀한 생명을 얻는 일이기 때문에 신앙생활에도 어려움이 있습니다.

처음 신앙생활 때에 이 사실을 기억하고 있어야 앞으로 신앙생활을 하다가 어려움이 닥쳤을 때에 낙심하지 않고 끝까지 신앙을 지켜나갈 수 있습니다. 아이를 출산할 때 고통이 따른다는 것을 알고 있으면 처음 아이를 출산한 산모가 놀라지 않고 잘 이겨내는 것과 같습니다.

환난과 핍박이 있습니다.

성경은 처음 예수를 믿게 되면 외부에서 오는 환난을 당하게 될 것이라고 말씀합니다.

"그들은 제자들의 마음을 굳세게 해주고, 믿음을 지키라고 권하였다. 그리고 또 이렇게 말하였다. 우리가 하나님 나라에 들어가려면, 반드시 많은 환난을 겪어야 합니다."(사도행전 14:22).

예수님을 믿기에 어려운 환경이 조성될 수 있다는 말씀입니다. 또한 사람들로부터 핍박을 받을 수도 있습니다.

"그리스도 예수 안에서 경건하게 살려고 하는 사람은 모두 박해를 받을 것입니다."(디모데후서 3:12).

하나님의 자녀들이 의로운 삶을 살면 악하게 사는 사람들의 죄가 드러나기 때문에 예수님을 믿는 사람들을 핍박합니다. 어둠 속에서 사람의 눈만 피해서 죄를 짓는 사람들은 빛이 들어와서 자신들의 죄가 드러나는 것을 싫어합니다. 예수님은 그리스도인들이 의로운 행동을 빛이라고 말씀하셨습니다. 그리스도인들의 의로운 삶은 빛이기 때문에 악인들의 악을 드러냅니다.

대부분의 사람들이 예수를 믿는 것은 모든 삶의 문제를 해결 받기 위해서입니다. 그런데 문제가 해결된 것이 아니고 예수 믿는 것 때문에 어려움이 닥치게 되면 당황하고 잘못된 길로 들어서지 않았나 고민합니다. 예수님을 믿고 고난이나 환난이 왔으면 예수님을 바로 믿는 것입니다. 예수님을 믿는 것 때문에 고난 당하는 것은 예수님을 바로 믿고 있다는 증거입니다. 예수 믿어도 질병이 걸리기도 하고 사고가 나기도 합니다. 물질에 손해를 보기도 합니다. 성경에 그렇게 기록되었습니다. 예수님을 따르려면 자기를 부인하고 자기 십자가를 지고 따르라고 말씀하십니다.

"예수께서 모든 사람에게 말씀하셨다. 나를 따라오려는 사람은, 자기를 부인하고, 날마다 자기 십자가를 지고, 나를 따라오너라."(누가복음 9:23).

예수님을 믿는 사람들은 고난이나 환난에서 면제 되는 것이 아니고 고난이나 환난을 이길 수 있는 힘을 공급받습니다.

"내가 이것을 너희에게 말한 것은, 너희가 내 안에서 평화를 얻게 하려는 것이다. 너희는 세상에서 환난을 당할 것이다. 그러나 용기를 내어라. 내가 세상을 이겼다."(요한복음 16:33).

마귀의 시험이 있습니다.

왜 예수 믿은 후에 어려운 일들이 생길까요? 마귀가 예수 믿지 못하게 방해하기 때문입니다. 예수 믿기 전에 모든 사람들은 사탄의 자녀들입니다.

"너희는 너희 아비인 악마에게서 났으며, 또 그 아비의 욕망대로 하려고 한다. 그는 처음부터 살인자였다. 또 그는 진리 편에 있지 않다. 그것은 그 속에 진리가 없기 때문이다. 그가 거짓말을 할 때에는 본성에서 그렇게 하는 것이다. 그는 거짓말쟁이이며, 거짓의 아비이기 때문이다."(요한복음 8:44).

마귀는 자기의 부하로 마음대로 부리던 사람들이 자신을 떠나서 하나님께로 돌아가는 것을 싫어하기 때문에 할 수 있는 모든 방법을 동원해서 사람들이 예수 믿지 못하게 방해합니다.

전능하신 하나님께서 그런데 왜 예수 믿는 것을 방해하는 마귀를 막지 않을까요? 하나님께서는 사단의 악을 사용하셔서 선하신 하나님의 뜻을 이룰 수 있는 능력이 있기 때문입니다. 하나님은 마귀의 방해를 이용하셔서 하나님의 선하신 뜻을 이루십니다. 가롯 유다는 마귀의 꼬임에 빠져서 예수님을 파는 악을 저질렀습니다. 마귀의 종이 된 유대 종교 지도자들은 예수님을 십자가에 못 박아 죽였습니다. 그러나 유다와 유대인 종교 지도자들의 악행을 통하여 하나님은 인류의 구원의 큰 뜻을 이루셨습니다. 그렇다고 악한 자들이 자신들의 행동을 정당화하지는 못합니다. 그들은 그들이 지은 죄에 합당한 벌을 받습니다. 그러나 하나님은 그들의 악을 선하신 뜻을 이루시는 데 이용하실 수 있는 능력이 있습니다.

하나님께서는 성도들에게는 마귀의 시험을 이길 수 있는 힘을 주십니다. 하나님을 의지하는 사람들을 마귀가 괴롭힐 수는 있지만 망하게 할 수는 없습니다. 마귀는 하나님의 손에 의해서 다스림을 받고 있습니다. 그러므로 처음 예수 믿고 나서 어려운 일이 생기고, 환난이나 핍박이 오면 당연히 올 것이 왔다고 생각하고 믿음으로 이겨 내야 합니다. 주님을 부인하지 않고 신앙을 지켜 나가면 사단도 우리를 어떻게 할 수 없습니다. 하나님을 믿는 믿음은 모든 것을 이기게 합니다.

"하나님에게서 태어난 사람은 다 세상을 이기기 때문입니다. 세상을 이긴 승리는 이것이니, 곧 우리의 믿음입니다. 세상을 이기는 사람은 누구입니까? 예수가 하나님의 아들이심을 믿는 사람이 아니고 누구겠습니까?"(요한1서 5:4~5).

예수 믿다가 당한 고난은 축복의 통로입니다. 사단이 우리에게 환난을 가져다줍니다. 하지만 사단은 하나님이 허락한 범위 안에서만 믿는 자들에게 환난을 가져다 줄 수 있습니다. 하나님은 사단이 신자들에게 악한 것을 하도록 허락함과 동시에 우리에게 그 환난을 이길 수 있는 힘을 공급하십니다.

"여러분은 사람이 흔히 겪는 시련 밖에 다른 시련을 당한 적이 없습니다. 하나님은 신실하십니다. 여러분이 감당할 수 있는 능력 이상으로 시련을 겪는 것을 하나님은 허락하지 않으십니다. 하나님께서는 시련과 함께 그것을 벗어날 길도 마련해 주셔서, 여러분이 그 시련을 견디어 낼 수 있게 해주십니다."(고전 10:13)

신자들에게서 오는 시험이 있습니다.

예수님을 믿고 하나님의 자녀가 되면 모든 믿는 사람들은 형제와 자매가 됩니다. 한 분 하나님의 자녀이기 때문에 당연한 결과입니다. 하지만 하나님의 자녀가 된 형제자매는 다양합니다. 다양한 환경에서 태어납니다. 성격도 다르고 취향도 다르고 재산과 지식 미모 모든 면에서 차이가 있습니다. 그리고 예수님을 믿고 의인이란 칭호는 얻었지만 육체를 가진 인간이기 때문에 죄성도 가지고 있습니다. 그러므로 함께 신앙생활을 하는 믿음의 형제 자매들 사이에 많은 갈등이 있습니다. 처음 예수 믿는 사람들은 예수님을 믿는 사람들은 모두 천사와 같을 것이라고 생각하시는 분들이 많습니다. 하지만 모든 예수 믿는 사람들은 완벽한 천사가 아니고 죄와 허물이 많은 인간입니다. 교회는 죄인들이 모이는 곳입니다. 예수님께서는 죄인들을 부르러 왔다고 말씀하셨습니다.

"예수께서 그들에게 대답하셨다. 건강한 사람에게는 의사가 필요하지 않으나, 병든 사람에게는 필요하다. 나는 의인을 부르러 온 것이 아니라, 죄인을 불러서 회개시키러 왔다."(누가복음 5:31~32).

자신이 죄인이 아닌 사람들은 예수님이 필요가 없습니다. 예수님은 죄인들을 구원하시기 위하여 교회로 부르셨습니다. 교회는 죄인들이 모여 있는 곳입니다. 모두 죄된 성품이 있고, 상처가 있습니다. 그러다 보니 서로에게 실망스런 행동이나 말을 할 때도 있고 상처를 주기도 하고 받기도 합니다.

예수 믿고 신앙생활을 시작한 사람들도 인간적인 약점이 그대로 남아 있습니다. 하나님의 말씀을 듣고 점점 변해 가지만 하루아침에 사람이 변화되는 것이 아닙니다. 인간은 본질적으로 죄인이기 때문입니다. 성경에 예수 믿고 회개하면 죄를 용서해 주신다고 하셨는데 원래 성경에 '용서하다'는 말의 뜻은 덮는다는 뜻입니다. 인간 속에 아직도 죄인으로서 기질이 남아 있지만 그 죄인에게 예수님께서 의에 옷을 입혀서 그를 의롭다고 여겨주신 것입니다. 겨울에 눈이 와서 온 세상이 하얗게 덮혔지만 그 속에 더러운 것들이 남아 있는 것이나 마찬가지입니다. 천사와 같이 착한 사람들로 성품이 바뀐 것은 우리가 죽어서 천국에 갈 때입니다. 세상에 있는 동안에는 인간은 죄의 지배를 받습니다.

그러므로 예수 믿는 사람들도 흠이 많습니다. 실수를 많이 합니다. 성경에 나온 위대한 인물들 모두 흠이 많은 사람들이었고 모두 죄짓고 실수했습니다. 보통 사람들은 말할 것도 없습니다. 이처럼 신앙생활을 하지만 여전히 죄된 본성이 있기 때문에 실수하고 죄를 짓습니다. 먼저 믿는 사람들이 눈에 거슬리는 일을 해도 시험에 들거나 낙심해서는 안 됩니다. 그들도 역시 연약한 인간에 불과합니다. 세상에 육신을 가지고 사는 동안 인간은 실수하고 죄를 지을 수밖에 없기 때문에 서로의 잘못을 용서하고 살 수밖에 없습니다. 그러므로 성경은 용서를 강조하고 있습니다. 죄와 허물이 많은 사람들이기 때문에 갈등이나 다툼이 일어난 것은 당연합니다. 서로 용납하고 용서함으로 말미암아 문제를 해결해 나가는 것입니다.

"그러므로 여러분은 하나님의 택하심을 입은 사랑 받는 거룩한 사람답게, 동정심과 친절함과 겸손함과 온유함과 오래 참음을 옷 입듯이 입으십시오. 누가 누구에게 불평할 일이 있더라도, 서로 용납하여 주고, 서로 용서하여 주십시오. 주님께서 여러분을 용서하신 것과 같이, 여러분도 서로 용서하십시오."(골로새서 3:12,13).

또한 사람을 보지 말고 늘 예수님만 바라보고 믿어야 합니다.

"믿음의 창시자요 완성자이신 예수를 바라봅시다. 그는 자기 앞에 놓여 있는 기쁨을 내다보고서, 부끄러움을 마음에 두지 않으시고, 십자가를 참으셨습니다. 그리하여 그는 하나님의 보좌 오른쪽에 앉으셨습니다."(히브리서 12:2).

병원에 입원한 후 다인실에 거주하게 되면 같은 병실에 있는 분들끼리 갈등이 일어납니다. 더러는 싸우기도 합니다. 몸이 아프다보니 서로 민감해져서 서로를 이해하지 못하고 싸웁니다. 그러나 옆에 있는 환우가 싫다고 병원을 떠나지는 않습니다. 왜냐하면 병원에 의사를 만나러 왔기 때문입니다. 나의 병을 고쳐 줄 의사가 있기 때문에 마음이 상해도 병원을 떠나지 않습니다. 신앙생활의 중심은 언제나 예수님입니다. 우리는 예수님을 믿습니다. 하나님은 믿음의 대상이고 인간은 사랑의 대상입니다. 사랑의 대상인 인간을 의지하게 되면 실망하게 됩니다.

왜 하나님께서 이 흠이 많은 사람들이 함께 모여서 하나님을 섬기게 하셨을까요? 우리의 성품을 훈련시키기 위함입니다. 해변에 가면 매끈매끈하고 예쁜 조약돌들을 볼 수 있습니다. 이 조약돌들은 원래 거칠고 모난 돌이었습니다. 그런데 파도가 칠 때마다 서로 부딪치면서 모난 곳은 들어가고 파인 곳은 드러나서 매끈한 조약돌이 된 것입니다. 우리도 서로 다른 사람들이 부딪히기 때문에 힘들지만 이 과정을 통하여 우리 모습이 예수님 모습으로 바뀌어 갑니다. 모난 곳은 들어가고 들어간 곳은 나오게 됩니다.

내 마음속에 의심이 있습니다.

처음 복음을 듣고 예수님이 우리 죄를 위하여 죽으시고 죽으신 지 사흘 만에 부활하셨으며 그를 믿는 사람에게도 부활과 영생이 있다는 사실을 믿게 됩니다. 그런데 시간이 좀 지나면 정말 그럴까 하는 의심이 생깁니다. 성경에 위대한 신앙인들이나 신앙생활 오래 한 신실한 신자들에게도 이런 의심이 찾아옵니다. 사단이 신자의 마음속에 의심을 넣기 때문입니다. 인간의 최초의 범죄가 바로 이 의심에서 시작되었습니다. 하나님은 아담과 하와에게 동산 중앙에 있는 선악과를 먹으면 반드시 죽을 것이라고 말씀하셨습니다. 그런데 뱀으로 위장한 사단이 하와에게 와서 하나님의 말씀을 의심하게 유혹했습니다. 선악과를 따 먹으면 눈이 밝아져서 하나님같이 되는데 그것을 막기 위해서 선악과를 먹지 말라고 했다고 거짓말을 해서 하나님의 말씀을 의심하게 하였습니다. 사단의 속삭임을 듣고 하와는 반드시 죽는다는 하나님의 말씀을 의심하고 사단의 말을 믿고 선악과를 따 먹었습니다. 사단은 오늘날도 여전히 거짓말을 하고 진리인 하나님의 말씀을 의심하게 만듭니다. 성경말씀이 과학과 맞지 않고 사람의 지식과 맞지 않는다고 유혹합니다. 그러나 하나님의 말씀은 진리이며 변하지 않습니다.

신약성경에 세례요한을 예수님은 여자가 낳은 자 중에 가장 큰 자라고 하였습니다. 세례 요한은 예수님을 처음 보는 순간 그가 하나님의 아들이시며 메시야라는 사실을 믿었습니다. 그런데 그가 감옥에 갇혀서 오래 지내다보니 의심이 생겨서 제자들을 보내서 예수님이 진짜 메시야가 맞는지 물었습니다. 예수님의 제자들은 부활하신 예수님을 두 눈으로 똑똑히 보고도 예수님의 부활을 의심했습니다. 감옥살이의 고통이 예수님이 메시야인 것을 의심하게 하였습니다. 오늘날도 어려움이 오면 하나님의 말씀을 의심하게 됩니다.

신앙생활은 내 감정이나 생각이 근거가 아니고 하나님의 말씀입니다. 의심을 이기기 위해서는 진리의 말씀인 성경을 늘 읽어야 합니다. 처음 믿을 때에 읽어도 무슨 뜻인 줄 모르기 때문에 모든 예배에 참석해서 설교를 듣고 성경공부에도 참석해야 합니다.

"그러므로 믿음은 들음에서 생기고, 들음은 그리스도를 전하는 말씀에서 비롯됩니다."(로마서 10:17).

믿음은 의심하지 않는 상태가 아니고 매일 의심을 이기고 나가는 것입니다. 의심이 있기 때문에 믿음이 필요합니다. 그러므로 천국에서는 믿음이 필요 없습니다. 의심을 심어주는 사단이 천국에는 없기 때문입니다. 그러므로 의심이 드는 자체는 당연한 것입니다. 그 의심을 믿음으로 이겨나가다 보면 더 큰 믿음을 얻게 됩니다.

기도

온 세상 모든 것의 주인 되신 하나님 아버지, 우리가 예수님 믿다가 어려움을 당했을 때에 믿음을 버리거나 뒤로 물러서지 않도록 힘을 주옵소서. 천국에서 영원히 사는 영생의 복을 받는 데 어려움이 있지만 끝까지 이기고 승리하게 하소서. 전능하신 하나님을 의지하게 하시고, 우리를 위하여 모든 고난과 고통과 부끄러움을 참으신 예수님을 바라보며 인내하게 하옵소서. 성령님이 새 힘을 공급하셔서 이기게 하옵소서.

요셉의 뼈

마 문 철

모진 시련을 이겨낸 요셉도 세월의 무게는 이기지 못했다. 약관의 30세에 총리가 되었지만 뒤돌아 보니 70년이 훌쩍 흘러 백세가 넘었다. 이제 자신을 총애했던 왕도 죽고 권력의 중심에서 벗어나 있었다. 그가 권력에서 멀어지자 요셉에게 기대어 살던 히브리민족은 이집트 사회에서 소외되어 갔다.

요셉은 자신이 죽은 후에 히브리민족의 장래가 걱정이 되었다. 지금까지는 자신의 그늘 아래서 보호를 받았는데 자신이 떠나면 어떤 일이 생길지 알고 있었다. 이집트인들은 이민족인 히브리인들을 핍박하게 될 것이고 생존에 대한 보장도 없었다. 더 위험한 것은 어려움을 피하기 위해서 이집트 백성들 속에 동화되어서 히브리 민족의 정체성을 잃어버릴 것이었다.

요셉은 자신이 죽은 후에 히브리민족의 장래를 하나님의 손에 위탁하는 기도를 쉬지 않았다. 기도를 드릴 때마다. 형들이 던진 죽음의 웅덩이에서, 보디발의 아내의 유혹의 손길에서, 감옥의 절망에서 구원해 주신 하나님의 손이 보였다. 요셉은 기도 할 때 생각나는 과거의 구원의 기억을 기도응답으로 이해했다.

기억의 소환을 통하여 '과거의 너를 구원한 것처럼 너희 백성들을 내가 구원할 것이다'라는 하나님의 음성을 들었다.

그러나 하나님께서 조상 아브라함에게 약속한 사백 년을 채우려면 자신이 죽은 후에도 삼백 년의 긴 세월이 남아 있었다. 이 백성들이 앞으로 삼백 년 후까지 우상으로 가득 찬 이집트 땅에서 신앙을 지키며, 약속의 땅으로 돌아가라는 하나님의 약속을 기억하고 실행할 수 있을까? 걱정이 되었다. 요셉은 이 문제를 해결하기 위해서 자신의 뼈를 사용하기로 했다.

요셉은 백 세가 되던 날부터 자신이 죽은 후에 어디에 묻힐 것인 가를 고민을 해왔다. 두 가지 방법이 있었다. 첫째는 피라미드에 안장 되는 것이다. 선대 왕은 요셉의 공을 기려 자신의 피라미드를 만들 때 요셉의 자리도 마련해 주었다. 둘째는 조상들이 묻힌 가나안 땅 막벨라 굴에 매장 되는 것이었다. 이집트인의 최고의 영예인 피라미드에 들어가는 것도, 히브리민족의 최고의 영광인 막벨라굴에 안장 되는 것도 포기했다. 요셉은 히브리 민족들의 정체성을 찾아주고 그들이 장차 가나안 땅으로 이주해야 한다는 소망을 고취시키는데 자신의 뼈를 사용하기로 했다.

히브리 민족이 사는 고센땅 작은 언덕에 초라한 묘를 미리 준비했다. 비석을 두 개 세웠는데 한 비석에는 하나님의 약속을 새겼다. "여호와 께서 아브람에게 이르시되 너는 반드시 알라 네 자손이 이방에서 객이 되어 그들을 섬기겠고 그들은 사백 년 동안 네 자손을 괴롭히리니 그들이 섬기는 나라를 내가 징벌할지며 그 후에 네 자손이 큰 재물을 이끌고 나오리라."

다른 비석에는 요셉 자신의 소망을 새겼다. "하나님이 분명히 너희를 인도하여 그 땅에 이르게 하실 것이다. 그때 너희가 내 유해를 메고 올라가라."

요셉이 죽은 후에 요셉의 이야기는 히브리 민족의 전설로 전해 졌다. 히브리민족들은 요셉의 무덤이 있는 언덕에 오를 때마다 민족적 정체성과 언젠가 가나안땅으로 가야한다는 약속을 기억했다. 요셉의 뼈는 300년이 넘게 이스라엘 백성들의 신앙을 고취시키고 민족의 정체성과 약속의 땅에 대한 희망의 등불이 되었다. 이집트 왕자 모세는 유모 요게벳을 만나러 왔다가 이 언덕에 올라 잡초 속에 묻혀 있는 이 비석을 보고 히브리 민족이 가나안 땅으로 이주해야 한다는 소망을 가슴에 품었다.

하나님의 도우심으로 모세의 가슴에 품었던 민족해방의 꿈이 이루어 졌을 때 모세는 언덕 위에 요셉의 묘를 기억해 냈다. 모세는 급박한 상황에서도 사람을 보내 요셉의 뼈를 챙겼다. 요셉의 뼈는 40년 광야를 유랑하다가 가나안 땅에 도착했다. 요셉은 자신의 뼈가 이집트의 피라미드에 묻히는 영광을 버리고, 조상들의 묘역에 안식하는 것을 포기하고 고센땅 작은 언덕에 초라한 무덤에서 하나님의 약속을 이루는 데 작은 이정표의 사명을 감당했다. 그리고 요셉의 뼈는 삼백 년간의 사명을 다하고 고향을 떠난 지 400년 만에 약속의 땅에서 안식을 얻었다.

요셉의 뼈는 요셉의 둘째 아들 에브라임지파의 기업이 된 세겜 땅에서 안식을 얻었다. 요셉을 그처럼 사랑했던 아버지 야곱이 세겜의 아버지 하몰에게 사 두었던 밭이 그의 뼈의 안식처가 되었다.

15

기적을
기대하는 신앙

제15장. 기적을 기대하는 신앙

* 외울 말씀 / 마가복음 16:17~18
  믿는 자들에게는 이런 표적이 따르리니 곧 그들이 내 이름으로 귀신을 쫓아내
  며 새 방언을 말하며 뱀을 집어올리며 무슨 독을 마실지라도 해를 받지 아니하
  며 병든 사람에게 손을 얹은즉 나으리라 하시더라.

하나님은 기적을 사용하신다.

기적은 자연의 법칙에서 한 과정을 건너뛰어서 어떤 결과를 얻은
것입니다. 병이 걸렸을 때에 수술하고 약을 먹거나 몸을 잘 관리해
서 병을 이겨냈으면 자연적인 원리에 따라 병이 나은 것입니다. 그
러나 수술이 꼭 필요한 병인데 수술이란 과정을 거치지 않고 기도로
나았다면 그것은 기적입니다. 병이 낫는 데 꼭 필요한 단계를 건너
뛰고 병이 나았기 때문입니다. 예수님이 병자를 고치시고 죽은 자를
살리신 것은 자연의 법칙상 꼭 필요한 과정을 거치지 않고 기도만으
로 병이 낫고 죽은 사람을 살렸기 때문에 기적입니다.
   성경에 예수님이 다섯 개의 빵과 두 마리 물고기로 5천 명을 먹인

이야기가 나옵니다. 밀 농사를 지어서 얻은 밀을 방앗간에 가지고 가서 가루를 빼고, 솥에 쪄서 빵을 만들어 먹였으면 기적이 아닙니다. 예수님은 이 모든 과정을 생략하고 기도로 많은 빵을 만들었기 때문에 기적입니다. 자연적의 원리에 따라 꼭 필요한 과정을 생략하고 하나님이 직접적인 원인이 되어서 일어난 사건을 기적이라고 합니다. 기독교신앙에서 기적은 중요합니다. 왜냐하면 성경은 하나님의 말씀이 진리라는 것을 증명하기 위해서 하나님께서 기적을 사용하신다고 기록된 곳이 많기 때문입니다. 인간의 손이나 자연의 과정을 거치지 않고 하나님이 직접 하시는 일을 통하여 하나님 자신을 드러내십니다. 기독교신앙은 보이지 않는 하나님을 믿고 보이지 않는 천국을 소망하고 살아갑니다. 자연의 원리로는 설명할 수 없습니다. 이 진리를 믿기 위해서는 자연의 원리를 뛰어넘어 인간의 이성을 뛰어넘어 일하시는 하나님의 능력을 경험해야 성경에 설명한 많은 사실들을 믿을 수 있습니다.

성경 출애굽기에는 바다가 뭍으로 변한 홍해의 기적이 있습니다. 이스라엘 백성들은 애굽의 군대에 쫓기는 데 넘실거리는 거대한 바다가 그들의 앞을 가로막고 있었습니다. 그 때 하나님께서 모세에게 바다를 향하여 지팡이를 들라고 하셨는데 모세가 순종하여 바다를 향하여 지팡이를 들어 바다를 향하여 가리킬 때 바다 가운데 길이 생겼습니다. 하나님은 눈에 보이시지 않지만 이 기적을 통하여 하나님이 살아계시며 그들과 함께 하신 것을 눈으로 확인시켜 주셨습니다. 하나님은 보이지 않았지만 하나님이 능력으로 바다의 물을 양쪽으로 벽을 만들어서 바다에 길이 생긴 것을 보았습니다.

예수님도 자신이 보통 사람들과 다른 하나님의 아들이시라는 것을 증명하시기 위해서 기적을 사용하셨습니다. 예수님이 결혼식에 가셨는데 그 곳에 손님이 너무 많이 와서 잔치에서 필수적으로 필요한 음식인 포도주가 떨어졌습니다. 예수님은 하인들에게 빈 항아리에 물을 채우라고 말씀하셨습니다. 하인들이 순종하여 물을 다 채우자 하인들에게 그 물을 떠서 손님들에게 갖다 주라고 하였습니다. 물을 손님들이 받았을 때에 그 물은 포도주로 변해 있었습니다. 예수님은 바다 위를 걸으셨으며 거센 바람과 파도가 치는 바다를 향하여 잔잔하라 하실 때에 바다가 잔잔해졌습니다. 이런 기적을 통하여 예수님은 자신이 하나님의 아들이시라는 것을 증명하셨습니다. 그러므로 성경에 기적을 부인하면 하나님은 더 이상 하나님이 아니시며 예수님도 하나님의 아들이 아니십니다.

하나님은 지금도 기적을 사용하십니다.

오늘 예수님의 기적에 대한 평가는 세 가지입니다.

첫째는 성경에 일어난 기적이 실제상황이 아니라고 말하는 사람들이 있습니다. 고대사회는 신화를 만들어서 신화 속에 어떤 메시지를 전달했다고 합니다. 동화 가운데 사람이 소가 되었는데 소가 된 사람이 무를 먹고 다시 사람이 되었다는 이야기가 있습니다. 이 동화는 실제 일어난 사건이 아니고 그 이야기 속에서 무에 해독성분이 있다는 것을 암시하고 있는 것입니다. 한약을 지어먹으면 무를 먹지 말라고 하는 데 무에 해독성분이 있기 때문에 한약의 약효를 떨어뜨리기 때문에 금합니다. 성경의 기적도 실제상황이 아니고 어떤 의미를 전달하기 위해서 이야기를 만들어냈다고 말합니다. 이야기 속에서 의미만 찾아내면 되는 것이지 기적이 진짜인지 아닌지는 중요하지 않다는 주장입니다. 하지만 기적이 진짜가 아니면 더 이상 기독교는 존재할 가치가 없는 종교입니다. 기독교는 기적의 종교입니다.

둘째는 성경에 일어난 과거의 기적은 실제 사실이지만 성경이 기록되기 전에만 일어났고 그 이후에는 일어나지 않는다는 설명입니다. 기적은 성경이 완성되기까지 일시적으로 일어났던 현상으로 성경의 기록이 완성된 뒤에 기적은 사라졌다는 것입니다. 그러나 이 사람들의 말 역시 성경의 기적이 신화라고 말하는 사람들의 주장과 다를 바 없습니다. 진리는 시간과 공간을 초월해서 같은 결과를 가져와야 합니다. 옛날에는 되었는데 오늘 안 된다면 그것은 진리가 아닙니다. 예수님은 어제나 오늘이나 동일하신 분이시기 때문에 2천 년 전에 하셨던 일을 지금도 하십니다. 과학에서 진리를 입증하는 방법은 같은 조건 하에서 같은 시험을 했을 때에 같은 결과를 반복적으로 얻을 수 있어야 진리가 됩니다. 성경의 진리도 과거의 기적이 오늘도 일어나야 진리입니다.

셋째는 과거의 기적도 사실이고 지금도 기적이 일어난다는 주장입니다. 성경말씀이 진리가 되려면 과거에 실제상황이었던 기적이 오늘 현재 상황으로 재현될 수 있어야 합니다. 그러므로 기적은 오

늘날도 일어나야 하고 일어나고 있습니다. 기적에 대한 간증과 보고
는 계속되고 있습니다. 조용기 목사님은 미국 풀러신학고 피터 와그
너 박사와의 만남을 소개합니다. 피터 와그너 교수는 한쪽 다리가
짧은 사람을 데리고 와서 하나님께서 다리가 길어지게 하신다고 하
였습니다. 그리고 두 시간이 넘도록 기도했는데 아무런 반응이 없었
습니다. 조목사님이 피터 와그너 박사에게 "박사님의 간절한 심정은
알겠는데 이제 그만 하세요"라고 말했습니다. 그런데 계속 피터 교
수는 기도를 했습니다. 그리고 조목사님은 짧은 다리가 길어지는 놀
라운 기적을 보았다고 간증하고 있습니다. 기적은 하나님이 행하시
는 것이기 때문에 하나님이 계신 것을 믿지 않으면 믿을 수 없습니
다. 하나님의 성령이 우리 안에 오셔서 믿음을 주실 때에 기적을 경
험하고 알 수 있습니다.

귀신을 쫓고 병을 고치는 기적

예수님이 가장 많이 사용하신 기적은 질병을 고치시고 귀신을 쫓
아낸 기적입니다. 예수님은 바다를 잔잔케 하는 큰 기적도 일으키
셨지만, 예수님은 질병에 시달리는 불쌍한 사람들을 돕는데 그 분
이 기적의 능력을 제일 많이 사용하셨습니다. 오늘날도 놀라운 기적
들이 보고되고 있지만 우리 일상생활에서 가장 많이 경험할 수 있는
기적은 병이 낫고 귀신이 쫓겨가는 기적입니다. 의사가 고칠 수 없
는 많은 질병들을 수술도 하시지 않으시고 말씀으로 고치셨습니다.

예수님이 가장 많이 행하신 기적은 질병을 고치는 기적이었습니다.

"그는 온갖 병에 걸린 사람들을 고쳐 주시고, 많은 귀신을 내쫓으셨다. 예수께서는 귀신들이 말하는 것을 허락하지 않으셨다. 그들이 예수가 누구인지를 알았기 때문이다."(막 1:34)

믿는 자에게는 기적이 따른다

"믿고 세례를 받는 사람은 구원을 얻을 것이요, 믿지 않는 사람은 정죄를 받을 것이다. 믿는 사람들에게는 이런 표징들이 따를 터인데, 곧 그들은 내 이름으로 귀신을 쫓아내며, 새 방언으로 말하며, 손으로 뱀을 집어들며, 독약을 마실지라도 절대로 해를 입지 않으며, 아픈 사람들에게 손을 얹으면 나을 것이다. 주 예수께서 그들에게 말씀하신 뒤에, 하늘로 들려 올라가셔서, 하나님의 오른쪽에 앉으셨다. 그들은 나가서, 곳곳에서 복음을 전파하였다. 주님께서 그들과 함께 일하시고, 여러 가지 표징이 따르게 하셔서, 말씀을 확증하여 주셨다."(마가복음 16:16~20).

예수님은 병을 고치고 귀신 쫓아내는 능력을 통하여 성경에 기록된 말씀이 진리라는 사실을 증명하셨고 오늘 우리에게도 기적을 일으키는 신앙으로 살아계신 하나님을 증명하라고 하십니다.

예수님이 하신 일을 믿는 자가 할 수 있는 방법

예수님께서는 주님이 하신 일을 우리도 할 수 있다고 말씀하셨습니다.

"내가 진실로 진실로 너희에게 말한다. 누구든지 나를 믿는 사람은 내가 하는 일들을 그도 할 것이요, 이보다 더 큰일들도 할 것이다. 그것은 내가 아버지께로 가기 때문이다"(요한복음 14:12)

이 말씀은 예수님이 육신을 가지고 세상에서 하셨던 일보다 믿는 자들 안에서 영으로 계셔서 더 큰 일을 하신다는 말씀입니다. 예수님의 영이 믿는 자들 안에 들어가셔서 그 사람의 육체의 예수님의 육체처럼 사용하셔서 기적을 행하십니다.

첫째는 하나님의 도우심으로 할 수 있습니다.
예수님께서 기적을 행하실 때에도 자신의 능력이 아니라 하나님의 능력을 의지하여서 행하셨습니다. 예수님은 세상에 오실 때에 하나님의 권능과 능력은 벗어 놓으시고 한 인간으로 세상에 오셨습니다.

"그는 하나님의 모습을 지니셨으나, 하나님과 동등함을 당연하게 생각하지 않으시고, 오히려 자기를 비워서 종의 모습을 취하시고, 사람과 같이 되셨습니다. 그는 사람의 모양으로 나타나셔서,"(빌 2:6-7).

그러므로 예수님도 세상에서 기적을 행하실 때에는 자신의 능력이 아니라 하나님의 능력을 의지했습니다. 나사로를 살리실 때 하나님께 기도하여서 능력을 구하셨습니다. 예수님이 행하신 일은 사람이 하나님을 온전하게 신뢰할 때에 할 수 있는 일을 하신 것입니다. 성령님을 통하여 야고보 사도는 3년 6개월 동안 비를 그치게 하고 다시 비를 오게한 엘리야도 우리와 같은 사람이라고 말합니다.

"엘리야는 우리와 같은 본성을 가진 사람이었지만, 비가 오지 않도록 해 달라고 간절히 기도하니, 삼 년 육 개월 동안이나 땅에 비가 내리지 않았으며, 다시 기도하니, 하늘이 비를 내리고, 땅은 그 열매를 맺었습니다."(야고보서 5:17-18).

우리도 성경에 기적을 행했던 사람들처럼 하나님을 의지하고 기도하면 기적을 경험할 수 있습니다.

"예수께서 집 안으로 들어가시니, 제자들이 따로 그에게 물어 보았다. '왜 우리는 귀신을 쫓아내지 못했습니까?' 예수께서 그들에게 대답하셨다. 이런 부류는 기도로 쫓아내지 않고는, 어떤 수로도 쫓아낼 수 없다."(마가복음 9:28~29).

둘째 성령의 능력으로 기적을 행할 수 있습니다.

사람이 하나님을 온전히 신뢰하면 하나님께서 그의 거룩한 영이신 성령님을 보내주셔서 예수님이 하신 일을 하게 하십니다.

"하나님께서 나사렛 예수에게 성령과 능력을 부어 주셨습니다. 이 예수는 두루 다니시면서 선한 일을 행하시고, 마귀에게 억눌린 사람들을 모두 고쳐 주셨습니다. 그것은 하나님께서 그와 함께 하셨기 때문입니다."(사도행전 10:38).

예수님도 하나님을 온전히 의지하는 믿음과 성령님의 도우심으로 기적을 행하셨습니다. 예수님이 세상에 육신으로 계실 때에는 예수님이 직접 병을 고치시고 죽은 사람을 살리셨습니다.

그러나 지금은 예수님의 육체는 우리와 함께 하시지 않으시고 예수님의 영이신 성령님이 계십니다. 이 성령님은 우리 몸을 사용하십니다. 우리 몸을 하나님께 온전히 맡길 때 우리 손을 주님의 손으로 우리 발을 주님의 발로 우리 입을 주님의 입으로 사용하십니다. 주님이 하신 일과 같은 일을 하게 하십니다.

셋째 우리는 기도와 순종으로 할 수 있습니다.

예수님은 구하지 않는 사람들에게 주시지 않습니다. 기적이 일어나도록 지속적으로 기도해야 합니다. 기적을 행하는 큰 믿음을 가진 사람들은 모두 끈기 있는 기도의 사람들이었습니다. 기도한 후에 순종해야 합니다. 요한복음 9장에 한 장님의 눈에 예수님은 침을 섞은 흙을 발라주면서 실로암 못에 가서 씻으라고 하셨습니다. 그 장님은 예수님의 말씀에 순종하여 보이지 않는 눈으로 힘들게 실로암 못까지 찾아가서 못의 물로 눈을 씻고 시력이 회복되어 보게 되었습니다. 그가 순종하지 않았으면 기적은 일어나지 않았을 것입니다. 베드로에게 깊은 곳에 그물을 던지라는 말씀을 듣고 순종하였습니다. 순종할 때 많은 고기를 잡았습니다. 순종하지 않았으면 기적은 일어나지 않았을 것입니다.

기적을 기대하라

기적은 일어날 것을 기대할 때에 기적은 나타납니다. 그 기대는 기도하게 만듭니다. 기도하는 것 자체가 믿음입니다. 내가 돈이 필요할 때에 친구에게 돈을 빌려달라고 전화합니다. 그 친구가 돈이 있으면 빌려줄 것이라는 믿음이 있기 때문에 전화한 것입니다. 예수 믿으면서도 믿음이 없다고 말하는 분들이 많은 데 기도하는 사람들은 믿음이 있습니다. 믿음이 없으면 기도할 수 없습니다. 기도하는 자체가 믿음입니다.

포기하지 말라

하나님의 기적은 내가 원하는 시간에 일어나는 것은 아닙니다. 때로는 오랜 시간 후에 일어날 수 있습니다. 때로는 내 기도가 허공을 치는 것 같이 무의미하게 느껴질 때가 있지만 그 느낌을 잘 이겨내시면 우리도 기적을 경험할 수 있습니다. 기적은 사람의 이성으로 이해할 수 없고, 인간의 논리로 설명할 수 없습니다. 하지만 기적은 과거에 일어났었고, 지금도 일어나고 있으며 미래에도 일어날 것입니다. 우리는 그저 하나님이 하신 일이기 때문에 받아들이면 됩니다. 그리고 경험하면 됩니다.

기도

능력의 하나님, 예수님께서는 자신이 하신 일을 그를 믿는 자들도 할 수 있다고 하셨습니다. 우리에게 예수님처럼 온전히 하나님을 신뢰하는 믿음을 주셔서 산을 들어 바다에 옮기는 기적을 경험하게 하옵소서. 병든 자를 위하여 기도하는 믿음을 주시고 귀신을 쫓아내는 능력을 주셔서 질병이 낫고 귀신이 쫓겨나는 기적을 경험하게 하옵소서. 하나님의 말씀은 사상이 아니고 능력인 것을 경험하게 하옵소서.

내 주님 옷자락 되어

마 문 철

병으로 모든 것 잃고 죽어가던 여인
사람들 외면 깊은 절망에 빠졌지만
예수님 옷자락 만지고 치료받아
절망의 삶은 희망의 삶으로 바뀌었네.
옷자락 내주시던 주님의 몸 땅에 없으니
이 땅에 슬픔과 절망에 빠진 자들은
누구의 옷자락을 만져야 할까?
주님 내가 주님의 옷자락 되게 하소서
나의 모든 죄를 십자가의 피로 씻기시고
눈보다 더 흰 옷 입혀 주셔서
내 몸이 주님의 옷자락 되어.
나를 만난 사람들 몸과 마음 치료하소서.

나의 악한 마음 성령님의 은혜의 강에 적셔
주님의 긍휼과 자비 내 심장에 채우사
내 삶이 내 주님의 옷자락이 되어.
나를 만난 사람들 절망이 희망이 되게 하소서.

16

건강한 교회와
이단 교회

제16장. 건강한 교회와 이단 교회

* 외울 말씀 / 마태복음 24:23~24
그 때에 사람이 너희에게 말하되 보라 그리스도가 여기 있다 혹은 저기 있다 하
여도 믿지 말라 거짓 그리스도들과 거짓 선지자들이 일어나 큰 표적과 기사를
보여 할 수만 있으면 택하신 자들도 미혹하리라.

세상에는 참과 거짓이 있다

반드시 세상에는 선한 것이 있으면 악한 것이 있고 참이 있으면 거짓이 있습니다. 기독교라는 이름을 가졌지만 거짓 기독교가 있습니다. 이러한 종교집단을 끝이 다르다는 의미로 '이단'이라고 부릅니다. 이단은 다른 말로 사이비(似而非)라고 말하는데 이 말의 뜻은 '겉으로는 그것과 같아 보이나 실제로는 사실과 전혀 다르거나 사실이 아닌 것을 이르는 것이다.' 기독교라고 말하는데 비슷하지만 본질이 다르거나 기독교가 아닌 것을 이단 또는 사이비라고 말합니다. 이단들은 건전한 신앙생활을 하는 사람들을 찾아와서 자신들의 집단에 들어오기를 끈질기게 요구합니다. 이단들은 믿는 사람들의 신

234

앙과 삶에 도움을 주는 것이 아니고 거짓된 교리로 사람들을 유혹하여 교주나 자신들이 종교단체의 이익을 추구합니다. 이단에 빠지게 되면 가정이 파괴되고, 건전한 삶을 살지 못하게 되고 재정적으로 큰 손실을 볼 때가 많습니다. 그러므로 우리는 이단을 구별하는 법을 배워야 합니다.

왜 기독교는 여러 교파가 있는가?

삼위일체 하나님 한 분을 믿는데 왜 기독교는 여러 교단이 있습니까? 이단을 구별하기 전에 처음 예수 믿는 사람들은 이것부터 궁금합니다. 같은 예수님을 섬기는 교회인데 장로교, 성결교, 감리교, 순복음 교회 같은 교파들이 있습니까?

그 이유는 이렇습니다. 하나님은 너무 크고 위대하신 분이시기 때문에 인간이 하나님의 전체를 모두 이해할 수 없습니다. 사람들은 각자 자신의 지식의 한계와 경험의 한계 안에서 하나님을 이해하게 됩니다. 같은 지구에 살고 있지만 아프리카에서 자라서 다른 세상을 한 번도 가보지 못한 사람들은 일 년 365일 종일 뜨거운 태양이 내리쬐는 곳에서 살아갑니다. 그리고 자신의 경험한 세상을 세상의 전부라고 생각합니다. 다른 곳도 자신들이 사는 아프리카와 같이 일 년 내내 날씨가 더울 것이라고 생각합니다. 북극에서만 자란 사람들 역시 지구는 일 년 365일 얼음장처럼 차갑다고 생각할 것입니다. 사람들은 자신이 처한 환경과 자신의 경험의 제약을 받습니다. 그러나 각자가 발견한 진리가 거짓은 아닙니다. 정반대의 내용 같지만 진리입니다. 아프리카 사람들이 1년 내내 덥다고 말하는 것은 거짓말은 아닙니다. 북극에 사는 사람들이 일 년 내내 춥다고 말하는 것은 거짓말이 아닙니다.

기독교인들도 하나님을 섬기면서 각자 자기 나름대로 하나님을 경험하게 됩니다. 성경을 읽으면서 성경의 강조점을 다르게 인식하기도 합니다. 전능하신 하나님을 인간이 자신이 가진 경험과 지식의 한계 안에서 인식하기 때문에 약간씩 다른 견해를 제시합니다. 엄격한 부모님 밑에서 자란 분들은 하나님을 엄격하고 무서운 분으로 인식합니다. 너그러운 부모님 밑에서 자란 사람들은 하나님을 너그럽고 따뜻한 분으로 인식합니다. 그래서 중요한 틀에서 서로 틀리지 않으면 서로 다른 의견을 받아들이고 서로를 인정합니다. 그러므로 약간씩 성경을 다르게 해석하고 다른 특징을 갖지만 건전한 교단들은 서로를 인정합니다.

공유할 수 있는 교리

정통교회는 약간씩 다른 교리가 있지만 근본적인 교리는 공유합니다. 정통 기독교가 서로 다른 교리와 신앙의 태도를 가졌지만 근본적인 진리는 공유하고 있습니다. 북극에 사는 사람들은 1년 내내 지구는 춥다고 말하고 아프리카에 사는 사람들은 지구는 1년 내내 덥다고 말할 수 있습니다. 정반대의 말을 하지만 이것은 자신의 한

계 안에서 진리입니다. 자신들의 경험한 세상을 말하고 있습니다. 그러나 해가 서쪽에서 떠서 동쪽으로 진다고 말하면 그것은 거짓입니다. 왜냐하면 아프리카에서도 북극에서도 해는 동쪽에서 떠서 서쪽으로 지지 서쪽에서 떠서 동쪽으로 지지 않습니다. 기독교의 교리도 마찬가지입니다. 교파들 간에는 성경에서 아직 철이 들지 않는 아이들에게 세례를 주는 것이 옳다 옳지 않다 같은 논쟁이 있습니다. 의견이 서로 다름에도 불구하고 인정합니다.

그러나 세례를 줄 때에는 성부와 성자와 성령의 이름으로 세례를 준다는 근본적인 진리는 서로 공유합니다. 그래서 같은 세례 문제를 놓고 한 교단을 어린이는 안 된다고 말하고 다른 교단은 어린이도 된다고 말하지만 둘 다 건전한 신앙으로 인정합니다.

이단은 삼위일체 교리를 부인한다

기독교 교리의 핵심은 하나님은 한 분이시지만 삼위로 계신다는 삼위일체 교리입니다. 다른 교리에 차이가 있지만 이 교리는 모든 정통교회는 공통으로 인정합니다. 그러므로 삼위일체를 부인하는 모든 교회는 이단입니다. 성부 하나님과 성자 하나님 성령 하나님이 세 위격으로 계신 하나님이 한 분 인격체로 존재하신다는 것은 기독교 교리의 근본입니다. 그런데 이단 교회들은 삼위일체 하나님을 부인합니다. 성부 하나님만 인정하는 이단들이 있고 성자 예수님만 인정하는 이단들이 있습니다. 예수님이 여호와 하나님과 동등한 권세와 능력을 지닌 분이라는 것을 부인하는 단체들은 모두 이단입니다.

이단은 예수님의 신성과 인성을 부인한다

기독교 교리의 핵심은 예수님은 완전한 하나님이시며 완전한 인간이시라는 것입니다. 예수님은 원래 하나님이셨는데 인간을 구원하시기 위하여 이 땅에 사람의 몸을 입고 태어났습니다. 그러므로 예수님은 완전한 하나님이시며 완전한 인간이십니다. 여기서 '완전한'이란 말은 중요합니다. 예수님은 절반은 신이시고 절반은 인간이 아닙니다. 예수님은 완전한 하나님이십니다. 동시에 그 분은 완전한 인간이십니다. 성경은 이 사실을 부인하는 사람들은 이단이라고 말합니다.

"누가 거짓말쟁이입니까? 예수가 그리스도이심을 부인하는 사람이 아니고 누구겠습니까? 아버지와 아들을 부인하는 사람이 곧 그리스도의 적대자입니다."(요한일서 2:22~23).

"속이는 자들이 세상에 많이 나타났기 때문입니다. 그들은 예수 그리스도께서 육신을 입고 오셨음을 고백하지 않습니다. 이런 자야말로 속이는 자요, 그리스도의 적대자입니다."(요한2서 1:7).

위 성경구절에서 말하는 '그리스도의 적대자'는 이단들을 말합니다.

이단은 성경을 원하는 부분만 믿는다

이단들의 특징은 하나님의 성품과 속성을 전부를 믿지 않고 자기들이 원하는 부분만 믿습니다. 이단들은 성경의 모든 내용들을 믿지 않고 자신들이 좋아하는 부분만 인정합니다. 자기들의 주장을 뒷받침하는데 유리한 성경구절만 이용합니다. 인간의 머리로 이해가 안 간다는 이유 때문에 삼위일체로 계신 하나님을 부인합니다. 그리고 예수님이 완전한 하나님이시며 완전한 인간이라는 것을 부인합니다.

왜 어리석은 이단들의 꼬임에 넘어가는가?

이단들이 주장하는 것은 얼도당토 아니한 이야기들입니다. 대개는 자기들이 섬기는 교주를 신이라고 말합니다. 통일교는 문선명이란 인간을 신이라고 합니다. 서울의 관악구에 본부를 두고 활동하는 하나님의 교회라는 이단은 자신들의 교주가 하나님의 어머니라고 말합니다. 요즘 세를 확장해 가고 있는 신천지는 교주 이만희가 영원히 죽지 않을 신이라고 말합니다. 그런데 이 어리석은 말에 넘어가서 가정을 파괴하고 자녀들을 망치는 수가 많습니다. 왜 이런 어리석은 말에 사람들이 넘어갑니까? 이단들 뒤에는 악한 영이 있습니다.

첫째, 이 악한 영들은 표적과 기적을 행할 수 있는 능력이 있기 때문입니다. 이 악한 영의 도움으로 표적과 기적을 행하면 사람들은 그들을 진짜 하나님으로 속아 넘어갑니다. 그러나 성경은 분명히 악한 영인 사단도 큰 능력을 가지고 있다고 말씀하고 그들이 행하는 표적이나 기적을 보고 속아 넘어가지 말라고 말씀합니다.

"당신들 가운데 예언자나 꿈으로 점치는 사람이 나타나서, 당신들에게 표징과 기적을 일으킬 수 있다고 말하고, 실제로 그 표징과 기적을 그가 말한 대로 일으키면서 말하기를 '너희가 지금까지 알지 못하던 다른 신을 따라가, 그를 섬기자' 하더라도, 당신들은 그 예언자나 꿈으로 점치는 사람의 말을 듣지 마십시오. 이것은 주 당신들의 하나님이, 당신들이 정말 마음을 다하고 정성을 다하여 주 당신들의 하나님을 사랑하는지를 알고자 하셔서, 당신들을 시험해 보시는 것입니다."(신13:1~3)

"그 때에 누가 너희에게 말하기를 '보시오, 그리스도가 여기 계시오' 혹은 '아니, 여기 계시오' 하더라도, 믿지 말아라. 거짓 그리스도들과 거짓 예언자들이 일어나서, 큰 표징과 기적을 일으키면서, 할 수만 있으면, 선택받은 사람들까지도 홀릴 것이다."(마태복음 24:23, 24).

그러나 그 능력은 생명을 살리지 못하고 하나님의 능력에 미치지 못합니다.

"그 불법자의 나타남은 사탄의 작용에 따른 것인데, 그는 온갖 능력과 표징과 거짓 이적을 행하고, 또 온갖 불의한 속임수로 멸망을 받을 자들을 속일 것입니다. 그것은, 멸망을 받을 자들이 자기를 구원하여 줄 진리에 대한 사랑을 받아들이지 않기 때문입니다."(살후 2:9, 10).

둘째, 악한 영이 사람 안에 들어가서 거짓 진리를 믿게 합니다. 성경은 이 영을 '미혹의 영'이라고 합니다.

"우리는 하나님에게서 났습니다. 하나님을 아는 사람은 우리의 말을 듣고, 하나님에게서 나지 아니한 사람은 우리의 말을 듣지 아니합니다. 이것으로 우리는 진리의 영과 미혹의 영을 알아봅니다."(요한1서 4:6)

미혹의 영이 주로 어떤 사람들을 타켓으로 삼아서 그들을 미혹할까요? 하나님의 말씀에 불순종하고 자신의 욕심을 따르는 사람들에게 미혹의 영이 들어갑니다. 이단들의 특징은 불신자들은 미혹하지 못합니다. 한 번이라고 교회에 나간 적 있는 사람들이어야 그들의 미혹에 넘어갑니다. 왜냐하면 미혹의 영은 죽이는 영이기 때문에 예수님을 믿지 않고 이미 죽은 영혼들은 미혹하지 않습니다. 예수님을 믿는 사람들과 믿었던 경험이 있는 사람들만이 이단의 유혹을 받습니다. 신앙생활을 하는데 세상의 물질과 명예와 영광을 하나님보다 더 사랑하는 신자들에게 미혹의 영이 강하게 활동합니다. 그러므로 성경은 미혹의 영이 들어가서 이단에 빠지는 것은 하나님의 심판의 일부이며, 하나님의 저주라고 말합니다. 이러한 원리를 잘 설명해 준 성경말씀이 있습니다. 다음에 인용한 성경구절이 조금 길지만 자세히 읽어보시고 그 뜻을 이해하시기 바랍니다.

"여러분이 아는 대로, 그자가 지금은 억제를 당하고 있지만, 그의 때가 오면 나타날 것입니다. 불법의 비밀이 벌써 작동하고 있습니다. 다만, 억제하시는 분이 물러나실 때까지는, 그것을 억제하실 것입니다. 그 때에 불법자가 나타날 터인데, 주 예수께서 그 입김으로 그를 죽이실 것이고, 그 오시는 광경의 광채로 그를 멸하실 것입니다. 그 불법자의 나타남은 사탄의 작용에 따른 것인데, 그는 온갖 능력과 표징과 거짓 이적을 행하고, 또 온갖 불의한 속임수로 멸망을 받을 자들을 속일 것입니다. 그것은, 멸망을 받을 자들이 자기를 구원하여 줄 진리에 대한 사랑을 받아들이지 않기 때문입니다. 그러므로 하나님께서는 미혹하게 하는 힘을 그들에게 보내셔서, 그들로 하여금 거짓을 믿게 하십니다. 그것은, 진리를 믿지 않고 불의를 기뻐한 모든 사람들에게 심판을 내리시려는 것입니다."(데살로니가후서 2:6~12)

이단에 빠지는 것은 사단에게 자신의 영혼을 빼앗긴 것이나 마찬가지입니다. 그들에게는 생명이 없습니다. 이단들은 생명이 있는 사람을 찾아내서 망하게 하려는 사단의 하수인 노릇을 하고 있습니다. 이단들은 전혀 기독교를 접해보지 못한 사람들에게는 전도를 하지 못합니다. 그들은 이미 죽은 영혼이기 때문에 그들에게는 전도하지 않습니다. 이미 예수 믿고 구원받은 사람들을 접근합니다. 살아 있는 영혼을 망하게 하는 것이 그들의 목적이기 때문입니다. 항상 주님을 의지하고 건전한 교회 안에서 하는 신앙생활에 만족해야 합니다.

기도

빛이신 하나님 아버지 우리가 어둠에 빠져서 진리가 아닌 것에 속지 않게 하옵소서. 하나님은 사람의 지식과 경험을 초월해서 계신 것을 확실히 믿게 하셔서 사단의 유혹에 빠지지 않게 하옵소서. 항상 깨어 기도하며 말씀을 묵상하게 하사 악한 자들에게 속지 않게 하시고 진리에 굳게 서게 하옵소서.

모세의 눈물

마 문 철

하나님께서 모세에게 나타나셔서 불러가실 날을 계시해 주셨다. 하늘로 부름을 받은 모세는 만감이 교차했지만 그래도 가장 아쉬운 점은 이스라엘 백성들의 최종 목적지요, 조상들의 뼈가 묻혀 있는 가나안 땅을 밟아보지 못한 것이었다.

모세는 날씨가 맑아 시야가 좋은 날 모압평지에서 가장 가까운 요단강을 찾았다. 강 건너 저 멀리 성이 보였다. 모세는 이미 가나안 땅에 들어가게 해달라는 기도 자체를 하지 말라는 명령을 받았지만 가나안 땅을 밟아보지 못한 아쉬움이 여전히 남아 있었다.

강 건너 가나안 땅을 바라보면서 "하나님 제가 가나안 땅으로 들어가는 것은 금하셨지만, 지금 이 강을 건너 저 땅을 한 번 밟아만 보고 오면 안 되겠습니까? 므리바에서 반석을 향하여 하나님의 명령하신 대로 말로 물을 내라 하지 않고 지팡이로 바위를 친 죄를 이미 용서하셨지 않습니까?"

그 때 모세에게 하나님이 말씀하셨다. "그래 므리바 사건은 이미 용서했다. 그런데 네가 내 말을 오해한 것 같다. 네가 가나안땅에 들어가지 못하게 한 이유는 징벌적 차원이 아니라 예방적 차원이다. 가나안 땅 입성을 막으면서 '므리바 사건'을 언급한 것은 다른 목적이 있다."

'이 아바림 산에 올라가서 내가 이스라엘 자손에게 준 땅을 바라보라 본 후에는 네 형 아론이 돌아간 것 같이 너도 조상에게로 돌아가리니 이는 신 광야에서 회중이 분쟁할 때에 너희가 내 명령을 거역하고 그 물 가에서 내 거룩함을 그들의 목전에 나타내지 아니하였음이니라 이 물은 신 광야 가데스의 므리바 물이니라.'

"이 사건을 언급한 것은 너의 죄를 꾸짖는 것이 아니고 그 사건을 통하여 인간이 얼마나 연약하고 넘어지기 쉬운 존재인 가를 깨달으란 뜻이다. 너는 젊어서는 이집트 최고 교육기관에서 교육을 받고, 광야에서 40년 영성훈련을 받았다. 지상에서 가장 온유한 사람이란 칭찬도 들었다. 그런 너도 순식간에 넘어지지 않았니!"

"다른 백성들은 얼마나 연약하고 넘어지기 쉽겠느냐? 모세 네가 가나안 땅에 들어가면 큰 시험 거리가 될 것이다. 어리석은 백성들은 너를 신처럼 여기고 너의 무덤은 숭배의 대상이 되고 마침내 우상이 될 것이다. 가나안 땅 입성을 불허하면서 너의 므리바의 죄를 언급한 것은 인간의 죄성과 연약함을 상기하기 위함이다."

지금도 백성들은 지금까지 성취한 놀라운 일들을 모세 네 능력으로 오직 너만이 할 수 있다고 생각한다. 백성들은 모든 것은 하나님이 하셨고 너가 없어도 하나님은 원하는 일을 할 수 있다는 것을 배워야 한다. 네가 시작한 것을 여호수아가 마무리짓게 한 것은 미래세대 신앙교육을 위해서 유익하다. 여호수아가 너와 같은 일을 하는 것을 보면, 누구라도 하나님이 함께 하면 모세와 같은 일과 그보다 큰 일을 할 수 있다는 믿음을 갖게 될 것이다. 너를 벌주기 위해서가 아니라 신앙교육을 위해서 가나안 입성을 불허한 것이다.

모세의 마음 깊이 자리 잡은 가나안땅을 밟지 못한 아쉬움은 깨끗이 사라지고 모세의 눈에서는 기쁨과 감사의 눈물이 흘러내렸다. 요단강에 떨어진 모세의 눈물은 넓은 바다로 흘러갔고, 하나님은 모세의 좌절된 꿈을 사용하셔서 그분의 큰 뜻을 이루셨다.

17

천국과 지옥을
믿는 자들의 사명

제17장. 천국과 지옥을 믿는 자들의 사명

＊ 외울 말씀 / 에스겔 33:6
칼이 임함을 파수꾼이 보고도 나팔을 불지 아니하여 백성에게 경고하지 아니하
므로 그 중의 한 사람이 그 임하는 칼에 제거 당하면 그는 자기 죄악으로 말미
암아 제거되려니와 그 죄는 내가 파수꾼의 손에서 찾으리라.

솔로몬이 왕이 된 뒤에 하나님께 정성껏 제사를 드린 다음에 하
나님께서 소원을 말하라고 하셨습니다. 솔로몬은 그 때 백성들을 잘
다스릴 수 있는 지혜를 달라고 하였습니다. 하나님은 부와 세상의
명예와 영광을 구하지 않고 백성들을 잘 돌볼 수 있는 지혜를 달라
고 한 것을 칭찬하시고 솔로몬에게 지혜를 주셨습니다. 성경은 하나
님께서 솔로몬에게 지혜를 주셨고 솔로몬은 지혜를 받았다는 것을
증명하기 위해서 하나님이 주신 지혜가 없으면 할 수 없는 어려운
재판을 솔로몬이 잘 해냈다는 것을 보여 줍니다.

두 창녀가 비슷한 시기에 아이를 낳아서 키웠는데 한 창녀가 술
을 많이 마시고 잠이 들어서 아이 위에 엎드려 잠이 들었고 아이는
질식사했습니다. 아이가 죽은 것을 발견한 창녀는 자신과 함께 잠을

자는 다른 창녀의 살아 있는 아이와 자신의 죽은 아이를 바꿔치기했습니다. 아침에 이 사실을 확인한 죽은 아이와 살아 있는 아이를 바꿔치기 당한 창녀가 재판을 신청했습니다. 솔로몬은 서로 살아 있는 아이가 자기 아기라고 주장하는 여인들의 말을 듣고 난감했습니다. 그 시대에는 친부모를 구별할 수 있는 방법이 없었기 때문입니다.

이 때 솔모몬의 지혜가 빛났습니다. 살아 있는 아이를 두 동강을 내서 두 여인에게 나눠주라고 하였습니다. 말도 안 되는 판결을 받은 살아 있는 아이의 어머니는 아이를 사랑하는 마음이 불이 붙었습니다.

"또 이르되 칼을 내게로 가져오라 하니 칼을 왕 앞으로 가져온지라 왕이 이르되 산 아이를 둘로 나누어 반은 이 여자에게 주고 반은 저 여자에게 주라 그 산 아들의 어머니 되는 여자가 **그 아들을 위하여 마음이 불붙는 것 같아서** 왕께 아뢰어 청하건대 내 주여 산 아이를 그에게 주시고 아무쪼록 죽이지 마옵소서"(왕상 3:24~26).

사랑하는 아이가 죽게 될 위기에 처하자 살아 있는 아이 친 어머니의 마음 속에 불이 붙었습니다. 사랑하는 아이를 두 동강이 나는 재앙에서 건져내기 위해서 그녀의 마음이 불이 붙었습니다. 죽음 앞에 놓인 아이를 살려내고자 하는 불은 다른 불을 불태워 버렸습니다. 남의 아이를 데려다가 자기 아이라고 우기는 천인공노할 악한 여인을 향한 분노도 불태웠습니다. 살아 있는 아이를 두 동강 내어서 나눠 가지라는 왕의 무책임한 판결에 대한 억울함도 아이를 살리고자 하는 불타는 마음이 불태웠습니다. 사랑하는 아이를 그 악한 여인에게 주라고 왕에게 요청합니다. 마음에 아이를 사랑하는 불이 아이를 살리고자 하는 불타는 열심이 나머지 모든 것을 포기하게 만들었습니다.

　모두가 이 여인처럼 아이들을 사랑하는 마음과 죽어가는 아이를 살리고자 하는 마음으로 불타오르지는 않습니다. 죽은 아이의 어머니는 아이가 죽게 되었는데 그 마음이 돌멩이처럼 차가웠습니다. 아이를 죽여 네 것도 아니고 내 것도 아니게 하자고 말합니다. 아이의 죽음에 대해서 어떤 동정도 없었습니다. 오늘날 우리가 주변에 죽어가는 영혼들을 대하는 태도입니다. 어느 TV 방송국에서 소개된 이야기입니다. 이혼하고 혼자서 아이 셋을 키우는데 이웃 사람들에게 감동을 줄 만큼 부지런히 돈을 벌었습니다. 열심히 돈을 버는데 아이들 옷이나 음식도 잘 사주지 않고 돈을 모읍니다. 어느 날 아이들을 지하 셋방에 남겨 두고 엄마가 사라졌습니다. 나중에 알고 보니 열심히 돈을 번 이유가 술집에서 일하면서 사귄 남자와 살 수 있는 살림집을 마련하기 위해서였습니다. 이 여인은 다른 남자를 향한 연정이 불이 타서 아이들을 향한 어머니의 사랑의 불을 꺼버렸습니다.
　오늘 우리 예수 믿는 사람들이 세상일에 불이 붙어서, 육신의 일에 불이 붙어서 죽어가는 영혼들에 대한 관심이 꺼져버렸습니다. 예수님을 모르는 모든 영혼들은 칼로 두 동강이 나야할 아이의 운명보다 더 무서운 현실 앞에 놓여 있습니다. 모든 불신자들은 영원한 지옥을 향하여 매일 한 걸음씩 걸어가고 있습니다. 쇳물이 펄펄 끓는 용광로 모서리에 서 있는 것과 같습니다. 몇 해 전에 제철소에서 일하던 청년이 용광로 모서리에서 미끄러져서 용광로에 떨어져서 산화된 일이 있었습니다. 예수님을 모르는 사람들은 모두 이 청년처럼 큰 위험에 처해 있습니다.

그런데 예수 믿고 천국과 지옥을 아는 사람들이 용광로 불보다 더 뜨거운 지옥불을 향하여 달려가는데 그 영혼들에 대한 애타는 심정이 없습니다. 우리는 그런 영혼들을 보고도 냉냉합니다. 그런데 우리에게 작은 돈을 잃게 되거나 건강에 문제가 생기고 세상의 삶에 문제가 생기면 불이 타오릅니다.

사도 행전 9장에 보면 사도 바울은 자신들의 동족 유대인들이 예수님을 믿지 않는 것을 보고 그가 얼마나 안타깝게 생각했는 가를 알 수 있습니다. 그는 동족들을 구원하고자 하는 불이 가슴에 타올랐습니다.

바울이 복음을 전하는 곳마다 유대인들이 나타나서 방해하고 바울을 공격하고 죽이려고 했습니다. 바울이 데살로니가에서 복음을 전할 때에 많은 이방인들이 예수님을 믿었습니다. 그 때 유대인들이 바울을 죽이려고 찾았습니다. 그는 베뢰아로 피신을 갑니다. 유대인들은 베뢰아까지 쫓아가서 복음 전파를 방해하고 바울을 죽이려고 했습니다. 루스드라에서는 바울을 죽이기 위해서 많은 유대인들이 바울을 돌로 쳤습니다. 아직 목숨은 붙어 있었는데 죽은 줄 알고 버리고 갔습니다.

이렇게 자신을 괴롭힌 동족인 유대인들을 구원하기 위해서 바울은 자신의 생명을 바칠 수 있다고 말합니다. 바울은 자신의 동족들을 구원하고자 하는 불타는 마음이 있었습니다. 유대인들은 자신들은 아브라함의 후손이고 할례를 받았고, 율법이 있고, 하나님 앞에 예배를 드리기 때문에 구원을 받았다고 믿고 있었습니다. 그러나 바울은 예수 그리스도를 통하지 않고는 아무도 구원받을 수 없다는 사실을 알고 있었습니다. 바울이 보기에 이스라엘 백성들은 용광로 가장자리에서 언제 미끌어져서 펄펄 끓는 쇳물로 떨어질지 모르는 절대절명의 위기에 있었습니다. 그들을 구원하고자 하는 마음이 불타올랐습니다.

동족인 유대인들로부터 지속적인 방해를 받고 괴롭힘을 당하고 죽임을 당할 뻔했지만 그는 그들을 사랑했으며 그들의 영혼이 구원받기를 간절히 소망했습니다. 바울은 이스라엘 백성들 유대인들이 구원받기를 간절히 소원했습니다.

언젠가 평생을 생선장사를 하신 할머니 이야기를 들은 적 있습니다. 이 분은 젊어서 홀로 되어서 평생을 갈치 장사를 해서 자녀들을 교육시켰습니다. 남들에게 평생 수천 트럭의 분량의 갈치를 팔아서 먹여줬는데 정작 자신은 한 번도 갈치 가운데 도막을 먹어보지 못했다고 합니다. 유대인들이 이 생선 장사 할머니와 같습니다. 유대인들은 예수님을 믿기에 가장 좋은 환경에서 살았습니다. 그들에게는 위대한 신앙의 조상들이 있습니다. 말씀과 예배와 성전이 있습니다. 그런데 대부분의 유대인들이 예수님을 믿지 않았습니다. 지금도 아브라함의 후손이라 자처하는 이스라엘 사람들의 대부분이 예수님을 믿지 않고 아직도 메시야를 기다리고 있습니다.

바울은 가장 먼저 예수님을 믿고 복을 받아야 할 이스라엘 백성들이 예수님과 가장 멀리 떨어져 있는 모습을 보고 그 마음에 크게 괴로워하고 있습니다.

"나에게는 큰 슬픔이 있고, 내 마음에는 끊임없는 고통이 있습니다. 나는, 육신으로 내 동족인 내 겨레를 위하는 일이면, 내가 저주를 받아서 그리스도에게서 끊어질지라도 달게 받겠습니다."(롬 9:2~3).

오늘 우리는 꼭 예수님을 믿어야 할 사람들이 예수님을 믿지 않는 것을 볼 때에 바울처럼 영적인 고통을 느끼도록 기도해야합니다. 그들을 구원하기 위해서 죄짓는 일 외에는 무엇이든지 할 수 있는 열정이 불타올라야 합니다. 바울은 자신의 동족인 유대인들이 예수님을 믿는 데 도움이 된다면 자신의 영혼이라도 포기하겠다고 말합니다.

"나의 형제 곧 골육의 친척을 위하여 내 자신이 저주를 받아 그리스도에게서 끊어질지라도 원하는 바로라"(롬 9:3).

물론 이 말씀은 과장법입니다. 동족의 구원을 위해서 그의 마음에 얼마나 간절한 소원을 가지고 있는가를 보여 줍니다. 이 표현은 천 년 전에 모세가 썼던 표현입니다. 모세가 십계명을 받기 위해서 시내산에 40일 동안 있을 때 이스라엘 백성들은 금송아지를 만들어서 신으로 섬겼습니다. 하나님께서 이스라엘 백성 전부를 진멸하시겠다고 하자 모세는 자신의 이름을 생명책에서 지워주시고 이스라엘 백성들을 용서해 달라고 기도합니다.

"모세가 주님께로 돌아가서 아뢰었다. 슬픕니다. 이 백성이 금으로 신상을 만듦으로써 큰 죄를 지었습니다. 그러나 이제 주님께서 그들의 죄를 용서하여 주십시오. 그렇게 하지 않으시려면, 주님께서 기록하신 책에서 저의 이름을 지워 주십시오."(출 32:32).

"내 자신이 저주를 받아 그리스도에게서 끊어질지라도 원하는 바로라" 는 바울의 말과

"주님께서 기록하신 책에서 저의 이름을 지워 주십시오."라는 모세의 말은 실제로 하나님이 그렇게 하시지도 않겠지만 본인들도 원하는 바가 그것이 아니었습니다. 다른 사람들은 몰라도 적어도 바울과 모세는 자신의 이름이 생명책에 기록되고 그리스도 안에 있는 것이 인생에 있어서 가장 중요한 일이었습니다. 두 사람의 이러한 표현은 죽어가는 자신들의 민족을, 골육친척을 구할 수 있다면 무엇이든지 다 내놓을 수 있고 할 수 있다는 말입니다. 가장 중요한 것도 그들을 위해서 사용할 수 있고 내놓을 수 있다는 말입니다.

솔로몬의 재판에서 아이를 두 쪽 내겠다는 왕의 말을 듣고 여인이 마음에 불이 붙어서 자신의 아기의 생명을 구하기 위해서 원수에게 복수하는 것도 포기하고 자신의 아이를 그 여인에게 양보할 수 있다고 말하는 것과 같은 것입니다.

오늘날 우리에게 용광로 모서리 미끄러운데 서서 언제 펄펄 끓은 쇳물로 떨어질지 모르는 불쌍한 영혼들을 구원하고자 하는 열정이 불이 타올라야 합니다. 이 영혼들을 구원하기 위해서라면 나머지 모든 것은 포기하고 버렸던 모세와 바울의 마음이 필요합니다.

성경에는 분명히 하나님을 모르고 세상의 평안함과 부만 위해서 사는 사람들에게 영원한 징벌이 기다리고 있다고 말씀합니다. 예수님은 지옥은 절대로 갈 곳이 못 되기 때문에 어떤 희생을 치르더라도 지옥은 가지 말라고 말씀합니다. 지옥 이야기 하면 무식한 목사란 말을 듣습니다. 천국과 지옥은 유치한 이야기라고 말하는 성도들도 있습니다. 하지만 성경은 분명히 천국과 지옥은 존재하며 지옥은 절대로 갈 곳이 못된다고 알려줍니다. 예수님은 다음과 같이 지옥 가는 것은 반드시 피하라고 경고하십니다.

"네 손이 너를 죄짓게 하거든, 그것을 찍어 버려라. 네가 두 손을 가지고 지옥에, 곧 그 꺼지지 않는 불 속에 들어가는 것보다, 차라리 한 손을 잃은 채로 생명에 들어가는 것이 낫다.네 발이 너를 죄짓게 하거든, 그것을 찍어 버려라. 네가 두 발을 가지고 지옥에 들어가는 것보다, 차라리 한 발은 잃었으나 생명에 들어가는 것이 낫다. 또 네 눈이 너를 죄짓게 하거든, 그것을 빼어 버려라. 네가 두 눈을 가지고 지옥에 들어가는 것보다, 차라리 한 눈으로 하나님의 나라에 들어가는 것이 낫다. 지옥에서는 '그들을 파먹는 구더기들도 죽지 않고, 불도 꺼지지 않는다.' 모든 사람이 다 소금에 절이듯 불에 절여질 것이다."(막 9:43~49).

예수님을 믿지 않는 모든 사람들은 쇳물이 펄펄 끓는 용광로 모서리에 서 있는 사람들입니다. 여러분의 사랑하는 사람이 그런 위태한 상태에 있으면 어떻게 하시겠습니까? 온 몸을 던져서 막지 않겠습니까?

인생이 안 풀릴 때

마 문 철

천국의 인생상담 A/S 센터에 인생이 안 풀려서 불행한 사람들의 전화가 빗발친다. 남들이 보기에 행복하게 보이는 사람들까지도 대부분 자신이 불행하다고 생각하기 때문에.

천국 인생 A/S 센터는 통화량이 엄청나다. 통화가 안 된다고 짜증내는 사람들이 많아서 우선 자가진단 후에 간단한 자가조치 후에 전화할 것을 권하고 있다. 간단한 자가진단과 자가 조치방법을 홍보 하고 있다. 이 방법을 소개하니 통화 안 된다고 짜증내지 말고 매뉴얼을 따라 해 보기 바란다. 내가 경험한 바로는 인생의 문제 99%는 해결된다.

인생이 안 풀린 원인의 99%는 컨베이어벨트 오작동, 렌즈 파손, 불완전연소에 있다.

컨베이어 벨트 오작동 점검: 전달하는 것이 원래 사람의 손의 기능이다. 그런데 오작동하면 전달하지 않고 적재하려고 한다. 나에게 있는 것을 더 필요한 사람에게 전달하지 않고 쌓아 놓고 있으니까 길이 막혀 인생이 안 풀리고 불행하다. 없는 사람은 배고프고 나는 쌓여 있는 짐에 걸려 넘어진다.

렌즈파손 점검: 사람의 눈에는 하나님을 볼 수 있는 렌즈가 장착되어 있다. 모든 사람들과 모든 사물을 다스리시는 하나님을 볼 수 있다. 모든 불행한 사건 속에도 들어 있는 하나님의 선한 의도를 볼 수 있다. 그런데 이 렌즈가 파손되어 돈과 사람과 환경만 보이고 하나님이 안 보이면 인생이 꼬이고 불행해진다.

불완전연소 점검: 사람의 마음에 있는 모든 것은 입으로 표출된다. 충분히 생각해 보고 숙고해서 완전연소가 되면 선한 말이 나와 남을 위로하고 격려하고 나도 행복해진다. 그런데 숙고하지 않고 내 뱉으면 불완전연소가 되어서 심한 매연이 나온다. 그 말은 다른 사람을 불행하게 만들고, 그 불행은 부메랑이 되어서 나의 불행이 된다.

자가 조치: 문제는 복잡하지만 수리는 간단하다. 전원을 한 번 껐다 다시 켜면 된다. 예수님의 십자가의 죽음에 동참하여 내가 죽고, 예수 안에서 다시 태어나면 고장난 인생 온전해질 것이다.

"내가 그리스도와 함께 십자가에 못 박혔나니 그런 즉 이제는 내가 사는 것이 아니요 오직 내안에 그리스도께서 사시는 것이라"

기독교 신앙의
객관적 합리성

제18장. 기독교 신앙의 객관적 합리성

* **외울 말씀 / 이사야 34:16**
  너희는 여호와의 책에서 찾아 읽어보라 이것들 가운데서 빠진 것이 하나도 없고 제 짝이 없는 것이 없으리니 이는 여호와의 입이 이를 명령하셨고 그의 영이 이것들을 모으셨음이라.

보이지 않는 신의 존재를 인정하고, 보이지 않는 천국을 믿고, 예수님이 죽으셨다가 부활하시고 지금도 살아 계신다. 이것이 기독교 신앙의 핵심 내용입니다. 이러한 신앙의 내용을 인간의 이성으로 이해할 수 있게 논리적으로 설명하는 것이 불가능합니다. 기독교에서 말하는 진리는 논리적으로 설명을 잘해서 설득하거나 이해시킬 수 있는 것이 아닙니다. 신앙은 객관적인 합리성보다 주관적인 경험을 통하여 수용하게 됩니다. 성경의 모든 내용을 지식적으로 아는 것이 신앙이 아닙니다. 사람의 지성과 이성으로 이해할 수 없는 성경의 진리를 믿음으로 받아들일 때에 신앙을 갖게 됩니다. 그러나 인간은 이성을 가졌기 때문에 이성으로 이해하고 논리적으로 설명이 가능해야 합니다. 그러면 주관적인 경험의 특성이 강한 신앙을 인간이 이성적으로도 이해할 수 있게 어떻게 객관적인 합리성을 만족시킬 수 있는가가 중요합니다.

주관적 경험을 통하여 알게 된 하나님이, 천국, 부활, 영생에 합리적인 설명이 필요합니다. 신앙은 경전의 내용을 다 알고 있다고 그 사람이 신앙을 가졌다고 말할 수 없습니다. 신앙의 근본이 되는 신을 만나는 경험이 없이는 신앙을 가질 수 없습니다. 신약성경에는 경전에 대한 지식과 종교적인 전통과 종교의식을 행하는 것을 신앙이라고 생각하는 사람들이 있었습니다. 바로 신약성경에 자주 등장하는 바리새인들입니다. 그런데 예수님은 그들이 신앙인이 아니라고 말씀합니다. 왜냐하면 그들은 경전을 알고, 종교적인 전통도 지키고, 종교의식도 행하고 있었지만 그들은 하나님을 모르기 때문이었습니다.

"내가 나 자신에 대하여 증언하는 사람이고, 나를 보내신 아버지께서도 나에 대하여 증언하여 주신다. 그러자 그들은 예수께 물었다. '당신의 아버지가 어디에 계십니까?' 예수께서 대답하셨다. 너희는 나도 모르고, 나의 아버지도 모른다. 너희가 나를 알았더라면 나의 아버지도 알았을 것이다."(요 8:18~19).

성경의 지식에 해박하고 종교적인 전통을 철저하게 지키며, 종교의식에 열심히 참여했지만 실제로 하나님을 만나지 못했던 바리새인의 대표적인 사람이 바울입니다. 그는 자신의 성경의 지식과 종교의식과 전통의 관점에서 보았을 때 예수를 믿는 사람들은 잘못된 길을 가고 있었습니다. 그래서 그들을 박멸하는 일에 앞장섰습니다.

그러나 예루살렘에서 다마스쿠스로 가는 중에 부활하신 예수님을 주관적인 체험을 통하여 만났습니다. 주관적인 체험이라고 말하는 것은 동행하는 사람들이 많았는데 바울 한 사람만 부활하신 예수님의 임재를 환상을 통하여 보았고 음성을 들었습니다. 어디까지나 주관적 경험이지 객관적인 경험이 아닙니다. 바울은 하나님을 만난 신비한 경험을 했습니다. 그가 알고 있던 지금까지 배운 객관적인 모든 지식을 버리고 주관적으로 자신이 체험한 예수님을 진정한 신으로 믿게 되었습니다. 바울이 영으로 계신 예수님을 만나게 된 신비한 체험은 사도행전 9장에 나와 있습니다. 이 이야기를 모르고 이 책을 읽는 독자들을 위하여 이 내용을 소개합니다.

"사울은 여전히 주님의 제자들을 위협하면서, 살기를 띠고 있었다. 그는 대제사장에게 가서,

다마스쿠스에 있는 여러 회당으로 보내는 편지를 써 달라고 하였다. 그는 그 '도'를 믿는 사람은 남자나 여자나 가리지 않고, 닥치는 대로 묶어서, 예루살렘으로 끌고 오려는 것이었다.

사울이 길을 가다가, 다마스쿠스 가까이에 이르렀을 때에, 갑자기 하늘에서 환한 빛이 그를 둘러 비추었다. 그는 땅에 엎드러졌다. 그리고 그는 '사울아, 사울아, 네가 왜 나를 핍박하느냐?' 하는 음성을 들었다. 그래서 그가 '주님, 누구십니까?' 하고 물으니, '나는 네가 핍박

하는 예수다. 일어나서, 성 안으로 들어가거라. 네가 해야 할 일을 일러 줄 사람이 있을 것이다' 하는 음성이 들려왔다. 그와 동행하는 사람들은 소리는 들었으나, 아무도 보이지는 않으므로, 말을 못하고 멍하게 서 있었다. 사울은 땅에서 일어나서 눈을 떴으나, 아무것도 볼수가 없었다. 그래서 사람들이 그의 손을 끌고, 다마스쿠스로 데리고 갔다. 그는 사흘 동안 앞을 보지 못하는 상태에서, 먹지도 않고 마시지도 않았다."(행 9:1~9).

이 사건은 바울이 주관적으로 자신이 경험한 사건입니다. 주변에 있던 사람들은 그 순간 바울이 무얼 경험하고 무얼 보았는지 알지 못했습니다.

"그와 동행하는 사람들은 소리는 들었으나, 아무도 보이지는 않으므로, 말을 못하고 멍하게 서 있었다."(행 7:7).

그리고 바울이 경험했다는 것을 다른 사람들에게 증명할 수도 없었습니다. 그 자리에 함께 있던 사람들도 바울이 경험한 것을 함께 경험하지 못했습니다. 같이 가던 여러 사람은 보지 못하고 경험하지 못한 것을 혼자서 보고 들었다고 하면 오히려 신뢰성을 더 떨어뜨리는 일입니다. 단지 그의 인격을 어느 정도 믿느냐가 바울의 주관적인 경험을 얼마나 믿을지 바로미터가 되었습니다. 이 주관적인 종교 경험을 합리적인 객관성 있는 이야기로 발전시킬 수 있습니까? 이 주관적인 경험을 객관적이고 합리적인 이야기로 발전시킬 수 있는 방법은 두 가지입니다.

첫째는 주관적인 경험을 한 많은 사람들의 일관성입니다.

하나님 혹은 예수님을 만난 사람들의 주관적인 경험이 일관성이 있다면 주관적인 이야기들은 객관적인 합리성을 갖게 됩니다. 같은 경험을 한 사람들이 여럿 있으면 주관적인 종교체험의 이야기에 합리적 객관성의 옷을 입힐 수 있습니다. 성경에는 하나님을 만난 사람들이 바울과 비슷한 경험을 했습니다. 하나님을 만나는 순간 몸에 힘이 빠지고 의식을 잃고 쓰러지고 음성을 들었습니다.

구약성경에 나온 다니엘이 같은 경험을 하였습니다.

"첫째 달 스므 나흘날에 나는 큰 강 티그리스 강 둑에 와 있었다. 그 때에 내가 눈을 떠서 보니, 한 사람이 모시 옷을 입고 우바스의 금으로 만든 띠로 허리를 동이고 있었다. 그의 몸은 녹주석 같이 빛나고, 그의 얼굴은 번갯불 같이 환하고, 눈은 횃불 같이 이글거리고, 팔과 발은 빛나는 놋쇠처럼 뻔쩍였으며, 목소리는 큰 무리가 지르는 소리와도 같았다. 나 다니엘만 이 환상을 보고, 나와 같이 있는 다른 사람들은 그 환상을 보지 못하였다. 그들은 두려워하며, 도망쳐서 숨었으므로, 나 혼자만 남아서, 그 큰 환상을 보았다. 그 때에 나는 힘이 빠지고, 얼굴이 죽은 것처럼 변하였으며, 힘을 쓸 수 없었다. 나는, 그가 말하는 소리를 들었는데, 그의 말소리를 들었을 때에, 나는 정신을 잃고 땅에 쓰러졌다. 그런데 갑자기 한 손이 나를 어루만지면서, 떨리는 손과 무릎을 일으켰다. 그가 내게 말하였다. '하나님께 큰 사랑을 받은 사람 다니엘아, 이제 내가 네게 하는 말을 주의해서 들어라. 너는 일어서라. 지금 나를 네게로 보내셔서 이렇게 왔다.' 그가 내게 이 말을 할 때에, 나는 일어섰으나 여전히 떨렸다."(단 10:4~11).

다니엘과 바울 둘 다 빛을 보았습니다. 그리고 빛을 보는 순간 몸의 힘을 잃고 쓰러졌습니다. 그리고 음성을 들었습니다. 그러나 두 사람 다 주변에 있던 사람들은 두 사람이 경험한 것을 알 수 없었습니다. 성경에는 이런 경험들이 다양하게 나오지만 한 가지 예만 더 들어보겠습니다. 신약성경 요한계시록을 기록한 요한입니다.

"주님의 날에 내가 성령에 사로잡혀 내 뒤에서 나팔 소리처럼 울리는 큰 음성을 들었습니다. 그 음성은 이렇게 말하였습니다. '네가 보는 것을 책에 기록하여, 일곱 교회, 곧 에베소와 서머나와 버가모와 두아디라와 사데와 빌라델비아와 라오디게아의 교회로 보내라.' 그래서 나는 내게 들려 오는 그 음성을 알아보려고 돌아섰습니다. 돌아서서 보니, 일곱 금 촛대가 있는데, 그 촛대 한가운데 '인자와 같은 분'이 계셨습니다. 그는 발에 끌리는 긴 옷을 입고, 가슴에는 금띠를 띠고 계셨습니다. 머리와 머리털은 흰 양털과 같이, 또 눈과 같이 희고, 눈은 불꽃과 같고, 발은 풀무불에 달구어 낸 놋쇠와 같고, 음성은 큰 물소리와 같았습니다. 또 오른손에는 일곱 별을 쥐고, 입에서는 날카로운 양날 칼이 나오고, 얼굴은 해가 강렬하게 비치는 것과 같았습니다. 그를 뵐 때에, 내가 그의 발 앞에 엎어져서 죽은 사람과 같이 되니, 그가 내게 오른손을 얹고 말씀하셨습니다. 두려워하지 말아라. 나는 처음이며 마지막이요, 살아 있는 자다. 나는 한 번은 죽었으나, 보아라, 영원무궁 하도록 살아 있어서, 사망과 지옥의 열쇠를 가지고 있다."(계 1:10~18).

요한 역시 불을 보았습니다. 금촛대에 불을 보았습니다. 그리고 불꽃같이 빛나는 예수님을 보았습니다. 그리고 요한이 본 환상을 다른 사람들은 보지 못했습니다. 예수님의 음성을 들었습니다. 몸에 힘이 빠지고 죽은 사람같이 되었습니다. '그를 뵐 때에, 내가 그의 발 앞에 엎어져서 죽은 사람과 같이 되니' 많은 사람들의 개인적인 경험을 통하여 주관적으로 하나님을 경험한 이야기 속에 공통점을 찾음으로 개인의 주관적인 경험에서 합리적 객관성을 찾을 수 있습니다. 성경에는 하나님을 만난 이야기는 모두 개인적인 주관적인 경험입니다. 하지만 주관적인 경험 안에 공통점이 있습니다. 그러므로 개인적이고 주관적인 경험으로 하나님을 알게 된 이야기이지만 한편으로는 각자가 경험한 신앙의 체험이 일관성이 있기 때문에 객관적인 합리성이 있습니다.

이러한 예는 부활하신 예수님을 만난 사람들의 이야기에서도 찾아볼 수 있습니다. 부활하신 예수님은 여러 사람에게 한꺼번에 나타나시지 않고 여러 개인들에게 나타났습니다. 개별적으로 부활하신 예수님을 만나는 주관적인 경험을 하였습니다. 마리아에게 나타났습니다.
"이렇게 말하고, 뒤로 돌아섰을 때에, 그 마리아는 예수께서 서 계신 것을 보았지만, 그가 예수이신 줄은 알지 못하였다. 예수께서 마리아에게 말씀하셨다. '여자여, 왜 울고 있느냐? 누구를 찾느냐?' 마리아는 그가 동산지기인 줄 알고 '여보세요, 당신이 그를 옮겨 놓았거든, 어디에다 두었는지를 내게 말해 주세요. 내가 그를 모셔 가겠습니다' 하고 말하였다.

예수께서 '마리아야!' 하고 부르셨다. 마리아가 돌아서서 히브리말로 '라부니!' 하고 불렀다. (그것은 '선생님!'이라는 뜻이다.)"(요 20:14~16).

예수님의 제자들의 일부가 부활하신 예수님을 만나는 경험을 했습니다.

"그 날, 곧 주간의 첫 날 저녁에, 제자들은 유대 사람들이 무서워서, 문을 모두 닫아걸고 있었다. 그 때에 예수께서 와서, 그들 가운데로 들어서셔서, '너희에게 평화가 있기를!' 하고 인사말을 하셨다. 이 말씀을 하시고 나서, 두 손과 옆구리를 그들에게 보여 주셨다. 제자들은 주님을 보고 기뻐하였다."(요 20:19~20).

그리고 예루살렘에서 엠마오로 가던 두 제자들이 부활하신 예수님을 만났습니다.

"마침 그 날에 그들 가운데 두 사람이 예루살렘에서 한 삼십 리 떨어져 있는 엠마오라는 마을로 가고 있었다. 그들은 일어난 이 모든 일을 서로 이야기하고 있었다. 그들이 이야기하며 토론하고 있는데,

예수께서 가까이 가서, 그들과 함께 걸으셨다. 그러나 그들은 눈이 가려져서 예수를 알아보지 못하였다. 그러자 그들은 예수를 만류하여 말하였다. '저녁때가 되고, 날이 이미 저물었으니, 우리 집에 묵으십시오.' 예수께서 그들의 집에 묵으려고 들어가셨다. 그리고 그들과 함께 음식을 잡수시려고 앉으셨을 때에, 예수께서 빵을 들어서 축복하시고, 떼어서 그들에게 주셨다. 그제서야 그들의 눈이 열려서, 예수를 알아보았다. 그러나 한순간에 예수께서는 그들에게서 사라지셨다."(눅 24:13~16, 29~31).

부활하신 예수님을 만난 세 부류의 사람들의 이야기를 소개했습니다. 마리아 한 사람, 엠마오로 가는 두 제자, 그리고 예수님의 더 많은 제자입니다. 처음에 부활하신 예수님을 보았을 때에 알아보지 못했고 예수님이 말씀하실 때 비로서 예수님을 알아보았습니다. 분명히 각자 개인적으로 주관적으로 경험했지만 그 경험 안에 고통점이 있다는 것을 알 수 있습니다. 그러므로 성경의 개인이 주관적으로 하나님을 경험한 이야기는 경험의 유사성과 공통점을 통하여 합리적 객관성을 얻을 수 있습니다.

둘째 성경의 내용을 실험해 보는 것입니다

모든 과학적인 진리는 실험을 통해서 진리임을 증명합니다. 신앙의 근본이 되는 성경의 내용은 진리인지 아닌지 어떻게 확인할 수 있습니까? 실험해 보는 것입니다. 실험하는 방법은 간단합니다. 성경의 내용은 삶의 매뉴얼입니다. 전자제품이 고장이 났는지 정상인지 아는 방법은 매뉴얼 대로 작동해 보는 방법입니다. 성경의 내용을 자신의 삶에 적용해서 실천해 보면 그 내용의 객관적인 합리성을 확보할 수 있습니다.

성경의 내용이 논리에 맞나 틀리나로 확인할 수 없습니다. 성경이 인간의 이성에 맞지 않지만 성경의 내용대로 이루어진다면 성경은 객관적인 합리성이 있다는 사실을 증명하게 됩니다. 로마서 9장에 보면 사도 바울이 이와 같은 방법으로 성경의 내용이 객관적이며 합리적이라고 설명합니다. 사도 바울은 하나님께 택함을 받은 사람들은 마지막 승리가 보장되었다는 말씀을 로마서 8장에서 합니다. 예수님을 믿는 사람들은 하나님께서 마지막 궁극적인 승리를 보장하신다고 말씀합니다.

"그리하여 하나님께서는 이미 정하신 사람들을 부르시고, 또한 부르신 사람들을 의롭게 하시고, 의롭게 하신 사람들을 또한 영화롭게 하셨습니다."(롬 8:30).

선택하고 부르시면 영화에 자리에까지 도달하게 이끄십니다. 어떤 것도 하나님의 구원 받을 자를 멸망시킬 수 없습니다.

"나는 확신합니다. 죽음도, 삶도, 천사들도, 권세자들도, 현재 일도, 장래 일도, 능력도, 높음도, 깊음도, 그 밖에 어떤 피조물도, 우리를 우리 주 예수 그리스도 안에 있는 하나님의 사랑에서 끊을 수 없습니다."(롬 8:38~39).

그러나 사도 바울의 시대에 아브라함의 후손들은 이미 믿음에 실패하였습니다. 대부분의 유대인들이 예수님을 믿지 않았고 예수님을 십자가에 못 박아 죽였습니다. 요한복음에서는 유대인들의 신앙의 실패를 이렇게 기록합니다.

"참 빛이 있었다. 그 빛이 세상에 와서 모든 사람을 비추고 있다. 그는 세상에 계셨다. 세상이 그로 말미암아 생겨났는데도, 세상은 그를 알아보지 못하였다. 그가 자기 땅에 오셨으나, 그의 백성은 그를 맞아들이지 않았다." (요 1:9~11).

이러한 현상은 하나님께서 아브라함의 후손들에게 복을 주신다는 하나님의 약속이 실패한 것처럼 보입니다. 그러나 바울은 하나님의 약속대로 되었기 때문에 유대인들이 믿지 않는 것이 성경의 진리라는 사실을 훼손하지 않는다고 말합니다. 하나님께서 아브라함의 핏줄을 타고 난 모든 사람들을 구원하시겠다는 약속은 하시지 않았습니다. 아브라함의 믿음을 이어받은 영적인 후손들의 영혼들에게 복을 주신다고 약속하셨습니다.

"그러나 하나님의 약속의 말씀이 폐했다고는 할 수 없습니다. 이스라엘에게서 태어난 사람이라고 해서 다 이스라엘 사람이 아니고, 아브라함의 자손이라고 해서 다 그의 자녀가 아닙니다. 다만 '이삭에게서 태어난 사람만을 너의 자손이라고 부르겠다' 하셨습니다."(롬 9:6~7).

유대인들이 대부분 예수님을 믿지 않고 신앙에 실패했습니다. 그러나 이스라엘의 후손으로 오신 예수님과 그의 열두 제자는 모두 유

270

대인들 즉 이스라엘 백성들이었습니다. 그들을 통하여 아브라함에게 약속한 복은 전 세계에 전해졌습니다. 인간의 논리와 이성에 맞지 않지만 성경대로 이루어져 가고 있다는 사실을 확인함으로 성경의 객관적인 합리성을 주장할 수 있습니다. 그러므로 성경에는 하나님의 말씀을 시험해 보라고 말씀합니다.

"너희는 온전한 십일조를 창고에 들여 놓아, 내 집에 먹을거리가 넉넉하게 하여라. 이렇게 바치는 일로 나를 시험하여, 내가 하늘 문을 열고서, 너희가 쌓을 곳이 없도록 복을 붓지 않나 보아라. 나 만군의 주의 말이다."(말 3:10).

십일조를 내는 것은 내 돈이 인간의 논리로는 내 호주머니에서 돈이 나갔으니 줄어드는 것이 맞습니다. 그러나 십일조를 드리고 더 풍성해진다면 인간의 인성을 넘어서는 하나님의 다른 질서가 있다는 것을 알게 될 것입니다.

성경의 진리는 그대로 살아보고 성경에 약속한 결과를 얻게 되면 객관적인 합리성을 얻게 됩니다. 인간의 이성과 논리에 맞지 않고 경험에도 맞지 않지만 그 말씀대로 살아보고 성경이 약속한 결과를 얻는다면 그것은 진리를 객관적이고 합리적으로 이해하는 것입니다. 남에게 나눠주면 더 부유해진다는 말씀이 있습니다.

"남에게 나누어 주는데도 더욱 부유해지는 사람이 있는가 하면, 마땅히 쓸 것까지 아끼는데도 가난해지는 사람이 있다."(잠 11:24).

"남에게 주어라. 그리하면 하나님께서도 너희에게 주실 것이니, 되를 누르고 흔들어서, 넘치도록 후하게 되어서, 너희 품에 안겨 주실 것이다. 너희가 되질하여 주는 그 되로 너희에게 도로 되어서 주실 것이다."(눅 6:38).

이 말은 수학적인 논리에는 절대 맞지 않는 말씀입니다. 그러나 성경은 주면 풍성해지는 복이 있다고 말씀합니다.

이것을 실천해 보고 성경이 말씀한 결과를 얻으면 성경인 객관적인 합리성을 확보할 수 있습니다. 인류 역사에 더 많은 돈을 벌려고 투자한 사람은 수없이 많이 망했지만 남을 불쌍히 여기는 마음으로 내주었던 사람들은 후회가 없었습니다. 재물의 부유함이나 마음에 풍성함을 얻었습니다.

성경에는 낮아지면 높아지고 높아지면 낮아진다는 말씀이 있습니다.

"무릇 자기를 높이는 자는 낮아지고 자기를 낮추는 자는 높아지리라"(눅 14:11).

세상은 낮아지고 겸손해지면 아주 짓밟아 버리려고 합니다. 높아지려고 노력해야 높아집니다. 하지만 오늘날 경영학에서도 회사가 얻은 이득을 사원들에게 돌려주고 사회에 환원하면 더 큰 부자가 된다는 것을 알고 있습니다.

데이비드 플렛은 「래디컬」이란 책에서 인간의 이성과 논리에 맞지 않지만 하나님의 말씀이 진리이며 세상의 논리와 이성을 초월한 다른 진리가 있다는 것을 실험을 통하여 확인하라고 말합니다. 1년 간만 말씀대로 살아보면 객관적인 증거를 얻을 수 있을 것이라고 말합니다. 성경에 성공은 철저한 희생을 통하여 오는 것인데 이것은 자신이 많이 소유하고 많이 누리는 것을 성공으로 여기는 세상의 논리와 맞지 않습니다. 다섯 가지를 실험해 보라고 말합니다. 1년 정도 추천한 방법을 실험해 보면 우리 삶속에 일하시는 하나님을 발견할 수 있다고 말합니다.

1. 전 세계를 위해 기도하라.
2. 말씀 전체를 샅샅이 읽으라.
3. 의미 있는 곳에 쓰기 위해 재정을 희생하라.
4. 당신을 필요로 하는 낯선 곳에 가서 섬기라.
5. 복음적인 지역 교회에 헌신하라.

플렛은 이 실험을 통하여 성경이 말씀하시는 희생을 통하여 하나님의 나라의 능력을 확인할 수 있다고 말합니다. 이 항목들을 교회에서 실천하고 실천하는 과정에 하나님을 경험한 사람들이 많았다고 간증합니다.

기독교의 진리 혹은 성경말씀은 주관적인 경험을 통하여 깨닫습니다. 하지만 주관적인 경험이 다양한 사람들에게 일관성 있게 나타난다는 사실을 통하여 객관적이고 합리적인 설명이 가능합니다. 하나님의 말씀이 인간의 이성에 맞지 않고 수학적 논리에 맞지 않지만 실천한 후에 인간의 이성과 수학적인 논리를 넘어서는 하나님의 능력을 경험하게 됩니다. 기독교의 진리를 객관적이고 합리적인 진리라는 것을 확인하고 싶습니까? 성경 말씀을 그대로 실천에 옮겨보십시오. 그리고 하나님의 말씀을 읽고, 묵상하고 실천하기 전에는 인간의 이성과 수학적인 논리로만 생각해서 진리가 아니라고 주장하지 마십시오. 기독교의 진리는 말씀에 순종을 통해서 객관적이고 합리적인 진리임을 깨닫게 됩니다. 성경은 성경말씀이 객관적이며 합리적인 진리라고 말씀합니다.

너희는 여호와의 책에서 찾아 읽어보라 이것들 가운데서 빠진 것이 하나도 없고 제 짝이 없는 것이 없으리니 이는 여호와의 입이 이를 명령하셨고 그의 영이 이것들을 모으셨음이라(이사야 34:16).